Max Lossen

Die Lehre vom Tyrannenmord in der christlichen Zeit

Max Lossen

Die Lehre vom Tyrannenmord in der christlichen Zeit

ISBN/EAN: 9783743327658

Hergestellt in Europa, USA, Kanada, Australien, Japan

Cover: Foto ©ninafisch / pixelio.de

Manufactured and distributed by brebook publishing software (www.brebook.com)

Max Lossen

Die Lehre vom Tyrannenmord in der christlichen Zeit

Die

Lehre vom Tyrannenmord

in der

christlichen Zeit.

Festrede

gehalten in der

öffentlichen Sitzung der k. b. Akademie der Wissenschaften
zu München

zur Feier ihres 135. Stiftungstages

am 28. März 1894

von

Max Lossen
o. Mitglied der historischen Klasse.

—

München 1894
Verlag der k. b. Akademie.
In Kommission des G. Franz'schen Verlags (J. Roth).

Hohe und hochgeehrte Versammlung!

Statut und Herkommen unserer Akademie verlangen, daß jedes Mitglied einmal durch eine in öffentlicher Sitzung zu verlesende Abhandlung seine Befähigung bekunde, für die von ihm bebaute spezielle Wissenschaft allgemeines Interesse zu erwecken.[1])

Mit Recht hat darum der große Meister akademischer Vorträge, unser hochverehrter letzter Vorstand, zunächst an sich selbst, damit aber auch an andere Akademiker die Anforderung gestellt, daß das von diesem Platze aus zu Bietende, „dem weiteren Kreise der Gebildeten verständlich, anziehend und lehrreich erscheinen" müsse.[2])

Ich glaubte dieser Forderung nachzukommen, indem ich mir vornahm, Entstehen und Vergehen einer der Ideen zu schildern, welche in der enge begrenzten Zeit, auf die sich meine historischen

---

1) Königliche Verordnung vom 21. März 1824 Art. XVII (Almanach der Akademie für 1884 S. 80): „In jedem Jahre sollen zwei öffentliche, feierliche Sitzungen gehalten werden, nämlich am Namenstage des regierenden Königs und am 28. März, als dem Tage der ersten Stiftung dieses wissenschaftlichen Vereins. In diesen beiden festlichen Versammlungen sollen, neben gedrängten Rechenschaftsberichten über das Wirken der Akademie, Abhandlungen über wissenschaftliche Gegenstände von allgemeinerem Interesse und Gedächtnisreden über ausgezeichnete verstorbene Mitglieder vorgetragen werden."

2) J. von Döllinger, Akademische Vorträge. 1. Bd. Vorwort. 2. Aufl. München 1890.

Spezialstudien beziehen, nämlich im Zeitalter der Religionskriege, großen Einfluß geübt haben.[3]

Ueber der Ausarbeitung meiner Abhandlung kam ich aber zur Einsicht, wie viel schwerer es ist die Geschichte einer Idee zu schreiben, als etwa die einer Institution oder eines einzelnen Ereignisses. Gilt es dabei doch gleichsam ein geistiges Fluidum zu zwingen zu körperlicher Gestalt sich zu verdichten.

Ich muß befürchten weit hinter meiner Aufgabe zurückgeblieben zu sein und kann deshalb nur bitten die Wohlthat des alten Spruches[4] mir zu gewähren:

In Schwerem gilt der Wille für die That.

---

[3] In den meiner Rede angehängten Anmerkungen habe ich für diese Zeit einige besonders wichtige Quellenbelege und kritische Bemerkungen beigefügt, für die Zeit vor- und nachher mich dagegen mit dem Hinweis auf die mir gerade zur Hand liegende Literatur beschränkt.

[4] des Properz: in magnis et voluisse sat est.

Die Lehre vom Tyrannenmord
in der
christlichen Zeit.

Die Meinung, daß es einem Christen jemals erlaubt sein könne eigenmächtig einen Fürsten umzubringen, der sich widerrechtlich der Herrschaft bemächtigt hat, oder auch einen solchen, der eine rechtmäßig erlangte Herrschaft maßlos mißbraucht, — mit anderen Worten: die Meinung, der Tyrannenmord sei vereinbar mit der christlichen Sittenlehre, wird jedem, der heute unbefangen die Schriften des Neuen Testamentes liest, geradezu als absurd erscheinen.

Und doch hat es Zeiten gegeben, in denen diese Meinung im Schoße der großen abendländischen Kirchen die herrschende war, Zeiten, in denen nicht nur das Für und Wider schulmäßig erörtert wurde und die große Mehrheit der Theologen und Politiker für die Erlaubtheit des Tyrannenmordes sich aussprach, sondern Männer, welche sich vom Geiste Christi geleitet glaubten, Hand an Könige und Fürsten, die Gesalbten des Herrn, legten, und wenn sie dabei selbst zum Opfer wurden, von ihren Glaubensgenossen als Martyrer gepriesen und der christlichen Mit- und Nachwelt als bewunderungs- und nachahmungswürdige Vorbilder hingestellt wurden.

Ich will versuchen zu zeigen, wie die Meinung entstanden ist, von welchen Umständen begünstigt sie zu einer in das politische und kirchliche Leben der Nationen des Abendlandes tief eingreifenden Lehre wurde, um dann wieder allgemein als eine geistige und sittliche Verirrung erkannt und verurteilt zu werden.

Die Idee des leidenden Gehorsams, der Unterwerfung selbst unter ungerechte Satzungen und Gebote der bestehenden Obrigkeiten durchweht die Evangelien wie die Briefe der Apostel. „Ihr habt gehört, daß es bei den Alten hieß: du sollst nicht töten, wer aber tötet, soll des Gerichtes schuldig sein. Ich aber sage euch: jeder der auf seinen Bruder zürnt, wird des Gerichtes schuldig sein," — heißt es in der Bergpredigt. Und weiter: „Liebet eure Feinde, thut Gutes denen, die euch hassen." „Wenn dich Jemand auf deine rechte Wange schlägt, halte ihm auch die linke hin." Bestimmter noch, mit Bezug auf die Gebote der von den damaligen Juden durchweg als Usurpatoren angesehenen römischen Machthaber, in den Briefen der Apostel, aber auch hier im Anschluß an das Wort des Meisters, vor Pilatus: „Du hättest keine Gewalt über mich, wenn sie Dir nicht von oben gegeben wäre." So in der berühmten Stelle des Römerbriefes: „Es gibt keine Gewalt, außer von Gott, und die welche besteht, ist von Gott angeordnet. Wer demnach sich der Gewalt widersetzt, der widersetzt sich der Anordnung Gottes." Und ähnlich im ersten Brief Petri: „Seid also unterthan jeder menschlichen Ordnung, um Gottes willen, sei es dem König, als dem höchsten, sei es den Statthaltern, als solchen die von ihm abgeordnet sind zur Bestrafung der Uebelthäter, zur Belobung der Rechtschaffenen."[1])

Mildernd und beschränkend stehen solchen Lehren des leidenden Gehorsams freilich andere Bibelstellen gegenüber, welche die Rechte des Gewissens oder den Wert sittlicher Freiheit und Selbstbestimmung betonen. So das kühne Wort, welches Petrus und Johannes zu den Hohenpriestern sprachen: „Ob es recht ist vor dem Angesichte Gottes, euch mehr zu gehorchen als Gott, urteilet selbst", — oder die Ermahnung des Apostels der Heiden: „Wenn du ein Freier werden kannst, mache es dir zu Nutzen".[2])

Zusammenfassend werden wir also sagen können: das in den Evangelien und in den Briefen der Apostel niedergelegte Sittengesetz betrachte die jeweils bestehende gesellschaftliche und staatliche Ordnung als von Gott gewollt oder doch zugelassen, ihr habe sich demnach der Einzelne zu fügen, insofern ihm nicht etwas zugemutet werde, was dem Wort und Willen Gottes widerspricht. Denn in diesem Falle sei Gott mehr zu gehorchen als den Menschen. Wie nun aber der Wille Gottes zu erkennen sei, und wenn erkannt, wie weit man im Widerstand gegen ungerechten Befehl der Obrigkeit gehen dürfe, diese Frage ist von den christlichen Denkern und in der Praxis der christlichen Gemeinwesen, kirchlichen wie politischen, im Laufe der Jahrhunderte sehr verschieden beantwortet worden, — schwankend von der Behauptung, der König von Gottes Gnaden schulde unter allen Umständen nur Gott Rechenschaft, bis zu dem Satze, Auflehnung gegen Verletzung der Rechte des Volkes sei die heiligste Pflicht eines jeden Bürgers.[3])

Bei den Christen der ersten drei Jahrhunderte herrscht der Geist des Martyriums, das heißt der allgemeine Entschluß, lieber den Tod zu erleiden, als etwas zu thun, was der Lehre und den Geboten Christi zu widersprechen schien; höchstens durch die Flucht, nicht aber durch aktiven Widerstand glaubte der Christ sich berechtigt der Unterdrückung und Vernichtung durch die heidnische Staatsgewalt sich zu entziehen.

Tertullian, der älteste und neben Augustin für die Folgezeit einflußreichste Kirchenlehrer des Abendlandes, betont in seiner Schutzschrift gegen die Heiden mit seiner ganzen wuchtigen Beredtsamkeit, daß die Christen gute Unterthanen sein müssen, bessere als die Heiden, weil sie im Kaiser den verehren, der von Gott selbst dem Volke zum Haupt gesetzt ist. „Nach unserer Lehre, ruft er aus, ist es mehr gestattet sich töten zu lassen, als zu töten." Und nicht etwa aus Schwäche enthalten sich die Christen der Gewalt; denn schon ist ihre Zahl so groß, daß sie nicht bloß durch heimliche Brandstiftung sich rächen, sondern durch offenen Abfall leicht das römische Reich in Verwirrung bringen könnten.

Freilich tritt auch gerade bei Tertullian jene dem Christentum oft vorgeworfene Weltflucht stark hervor, welche verbietet, das

Beispiel der ersten Christen als mustergiltig für unser politisches Verhalten zu betrachten. „Nichts, sagt Tertullian, liegt uns ferner, als politische Dinge; nur ein politisches Gemeinwesen kennen wir, die Welt."⁴)

Die Versuchung andern Anschauungen Raum zu geben trat an die Christen heran, als das Römerreich christlich geworden, aber nun Orthodoxe und Arianer einander mit grimmigem Haß verfolgten und beide von den Kaisern nicht nur die Unterdrückung des Heidentums, sondern die Alleinherrschaft ihrer eigenen religiösen Meinungen forderten. Als charakteristisch für diese Zeit hebe ich die Schmähschriften hervor, welche der Bischof Lucifer von Calaris in den Jahren 356 bis 361 aus der Verbannung an den arianisch gesinnten Kaiser Konstantius richtete. Nicht aus den Evangelien, sondern aus dem Alten Testament nimmt Lucifer die Beispiele, welche er dem Kaiser zur Warnung vorhält: Jehu, den der Prophet Elisäus zum König salbte, damit durch seine Hand das Haus des Königs Achab ausgerottet und Achabs Weib Jezabel den Hunden vorgeworfen werde, der Priestersohn Phinees, der den Israëliten Zambri tötete, weil dieser mit einem madianitischen Weibe sich vergangen, die Machabäer, welche sich gegen den König Antiochus empörten. — Doch zieht Lucifer aus seinen Beispielen noch nicht die letzte Schlußfolgerung, daß auch ein Christ ähnliches thun dürfe. „Hättest Du, ruft er dem Kaiser zu, in jener Zeit gelebt, so hättest Du mit dem Schwerte getötet werden können." So aber greife er, Lucifer, den Kaiser nur mit Worten an und drohe ihm mit der ewigen Verdammnis.

Uebrigens finden wir schon bei Lucifer die bedenkliche Bemerkung, nur darum habe der Apostel Paulus Unterthänigkeit gegen die Fürsten und Obrigkeiten gepredigt, weil diese noch nicht an den Sohn Gottes glaubten.⁵)

Sechzig Jahre später (412—426) legt der große Lehrer des Abendlandes, Aurelius Augustinus, in seinen Büchern vom Gottesstaat die Fundamente einer besonderen christlichen Staatslehre und Politik.

Es ist bekannt, wie verhängnisvoll für die mittelalterliche Kirche der Umstand geworden ist, daß Augustin in seinen polemischen Schriften zuerst mit aller Entschiedenheit eine Zwangsgewalt für die katholische Kirche gelehrt und gefordert hat; aber in seinem Gottesstaat sind im allgemeinen die evangelischen Ideen sittlicher Freiheit gewahrt. Böse wie gute Herrscher sind durch Gottes Vorsehung angeordnet. „Der eine wahre Gott, der dem Augustus die Herrschaft über die Römer verlieh, hat sie auch dem Nero gegeben; der sie den beiden Vespasian gab, den gütigsten Kaisern, hat sie auch dem grausamen Domitian gegeben; wie dem Christen Konstantin, so dem Apostaten Julian. Denn durch mich, spricht die Stimme der göttlichen Weisheit, regieren die Könige und besitzen die Tyrannen das Land." Und den Selbstmord verwirft Augustin mit dem Satze, daß es ja auch nicht gestattet sei, nach eigener Willkür einen andern Menschen zu töten, selbst nicht einen Verbrecher, zu dessen Tötung nicht ein Gesetz ermächtigt habe. Nur in zwei Ausnahmefällen gestattet Augustin die Tötung eines Menschen: wenn ein gerechtes Gesetz dazu ermächtigt, oder wenn Gott selbst, der Urquell der Gerechtigkeit, speziellen Befehl gibt.[6])

Augustin verhehlt sich nicht, daß diese zweite Ausnahme eine gefährliche Deutung zuläßt; darum warnt er vor ihrer Anwendung und übt selbst an Beispielen der Art aus dem Alten Bunde seine Kritik: so läßt er im Gottesstaat im Zweifel, ob der Richter Jephta auf einen solchen Befehl Gottes hin gehandelt habe, als er seine Tochter opferte, oder Samson, da er sich und die Philister mit den Trümmern des Palastes erschlug. Anderwärts bezweifelt er auch, ob Moses recht gehandelt, als er den Aegypter tötete, der einen seiner Volksgenossen mißhandelt hatte. „Man sehe wohl zu, warnt er, ob nicht ein vermeinter göttlicher Befehl auf schwankender Grundlage ruht." Und allgemein giltig ist seine Mahnung, den Zeugnissen des neuen Testamentes vor denen des alten den Vorzug zu geben.[7])

Neuen Anschauungen über das Recht des Widerstandes gegen weltliche Machthaber wurde der Weg gebahnt durch das Emporwachsen der bischöflichen und besonders der päpstlichen Gewalt. An Stelle der mit dem Verfall des fränkischen Königtums im Abendland absterbenden Vorstellung des römischen Kaiserrechts von einem an Gesetze nicht gebundenen, darum vor Angriffen gesicherten absoluten Fürstentum traten theokratische Ideen. Je höher sich die geistliche Gewalt des Papstes und der Bischöfe erhebt, desto mehr drückt sie die Würde der weltlichen Macht nieder. Wohl verleiht die bischöfliche Salbung auch dem König selbst eine Art von geistlicher Würde; aber die Hand, die dem geweihten Oel eine mystische Kraft verleiht, vermag auch von dem unwürdigen Haupt den göttlichen Segen wieder wegzunehmen.

Schon in den Streitigkeiten des Papstes Nikolaus I. mit den fränkischen Königen treten uns solche Ideen entgegen. Nicht nur mit der Exkommunikation, sondern auch mit der Entziehung der königlichen Würde bedroht Papst Nikolaus den König Lothar — wegen Verstoßung seiner rechtmäßigen Gemahlin Teuthberge — und beruft sich dabei auf den Unterschied, der zwischen einem König und einem Tyrannen bestehe. Aehnlich auch sein Nachfolger, Papst Hadrian II., in seinem Streit mit den Königen Karl dem Kahlen und Ludwig dem Deutschen.[8])

Bis zur vollen Ausbildung der Lehre von der sittlichen Erlaubtheit des Tyrannenmordes verstrichen jedoch noch volle drei Jahrhunderte, — Jahrhunderte, in denen zwei an sich sehr verschiedene Ideenreihen im Abendlande festwurzelten, beide aber dazu angethan, jener Lehre als Stütze zu dienen. Die eine wieder von theokratischer Art: die Anschauung nämlich, daß die geistliche Gewalt so hoch über der weltlichen stehe, und so sehr bestimmt sei über diese zu herrschen, wie die Seele über den Leib. Als Zerrbild erscheint diese Anschauung in der von Papst Gregor VII. geäußerten, aber zum Glück nicht lange festgehaltenen und nicht allgemein geteilten Meinung, die Herrschaft der weltlichen Fürsten stamme vom Fürsten dieser Welt, vom Teufel. Dagegen wurden zwei andere päpstliche Aussprüche dadurch von Wichtigkeit für die Lehre vom Tyrannenmord, daß sie Aufnahme in Gratians Dekret und dadurch in das geltende Kirchenrecht fanden: die Entscheidung Papst Urbans II., wer von Eifer für die Mutter, die katholische Kirche, entflammt, Exkommunicierte töte, solle nicht als Mörder behandelt werden, und der Satz Papst Innocenz' III., was im Deuteronomium, dem zweiten Gesetz des Moses, enthalten sei, habe auch für die Kirche des Neuen Bundes zu gelten.[9])

An Widerspruch gegen solche Steigerung der theokratischen Ansprüche fehlte es nicht. Noch am Ende des 12. Jahrhunderts tritt der Benediktinermönch Hugo von Fleury mit warmen Worten für den göttlichen Ursprung der Fürstengewalt ein. Der König ist ihm das Abbild Gottes des Vaters, wie der Bischof dasjenige des Sohnes Gottes. Mit Mustern des Alten und des Neuen Testamentes, mit dem Vorgang Christi selbst, der dem heidnischen Kaiser Tribut zu zahlen befahl, mit Beispielen aus der Geschichte der christlichen Kirche lehrt Hugo, daß man auch gottlosen Königen Gehorsam schulde. „Solchen, sagt er, mit den Waffen sich zu widersetzen oder mit List nach ihrem Untergang zu trachten, ist durchaus gegen die Gewohnheit der heiligen Kirche, welche jenes Gebotes des Herrn gedenkt, da er zu seinen Gläubigen sprach: Mein ist die Rache, ich will vergelten." [10])

Die zweite Ideenreihe, welche in der speziellen Frage des Tyrannenmordes jener theokratischen in die Hand arbeitete, während sie ihr auf den übrigen Gebieten des politischen und kirchlichen Lebens vielfach entgegenwirkte, ist die Wiederbelebung antiker, zunächst römischer Anschauungen, verursacht durch das eifrige Studium der lateinischen Klassiker. Aus ihnen machten sich die Menschen des christlichen Mittelalters mit der antiken Vorstellung vertraut, daß jeder Tyrannenmord eine edle, der höchsten Bewunderung und Nacheiferung würdige That sei.

Stets erneuten Anlaß über das Recht und die Grenzen des Widerstandes gegen tyrannische Fürsten nachzudenken, boten die in Deutschland und Italien zwischen Kaiser und Papst, in England und Frankreich zwischen Königen und Bischöfen, mitunter auch zwischen König und Papst durch drei Jahrhunderte sich hinziehenden leidenschaftlichen Kämpfe.

Mitten in diesen Kämpfen steht der Mann, der zuerst mit voller Klarheit die Lehre vom Tyrannenmord auf jenes doppelte Fundament, die Theokratie des Alten Testamentes und den Tyrannenhaß des klassischen Altertums, gegründet hat: Johann von Salisbury, der Vertraute des berühmten Kanzlers, dann Erzbischofs Thomas Becket und sein Genosse in dem Bemühen, der geistlichen Gewalt der Bischöfe und des Papstes die weltliche der Fürsten zu unterwerfen.

Johann von Salisbury stellt sich in seinem 1159 vollendeten politischen Hauptwerk, dem Policraticus, durchweg auf den theokratischen Standpunkt des Alten Bundes. Aus der Hand der Kirche empfängt der Fürst das Schwert und führt es als Diener des Priestertums. Wer die Würde verleiht, kann sie auch wieder nehmen, wie Samuel that, da er den Sohn des Bethlehemiten Isai an Sauls Stelle zum König über Israel salbte. Wer ein wahrer Tyrann ist, das heißt wer mit Gewalt das Volk bedrückt und knechtet, der darf als öffentlicher Feind getötet werden. Als Beispiele dienen ihm teils römische Kaiser, Cäsar, Tiberius, Caligula, Nero u. a., dann aber auch die Tyrannen des Alten Bundes, der Moabiterkönig Eglon, der nach 18 jähriger Herrschaft über die Kinder Israel in seinem Gemache von Aod erdolcht wurde, Sisera, der Feldherr des Königs von Chanaan, dem Jahel, das Weib des Haber, im Schlaf einen Nagel durch den Kopf schlug, Holofernes, der Feldherr des Nabuchodonosor, den Judith durch fromme List bethörte und dann in seinem Rausch enthauptete. Eidbruch gestattet aber Johann auch gegen Tyrannen nicht und beruft sich dafür auf das Beispiel des Sedechias, der für seinen Treubruch von Nabuchodonosor geblendet und in die Gefangenschaft geführt wurde. Auch meint er, Gift, wiewohl von den Heiden manchmal angewendet, dürfe nach christlichem Recht gegen Tyrannen nicht gebraucht werden. Als bloße fromme Phrase erscheint es dagegen, wenn Johann nach all seinen Beispielen des Tyrannenmordes bemerkt, das sicherste Mittel gegen die Tyrannen sei demütiges Gebet der Bedrängten zum Herrn um Abwendung der Geißel.[11]

Ohne Zweifel hatte sich Johann von Salisbury seine Meinung von der Erlaubtheit des Tyrannenmordes zumeist auf theoretischem Weg gebildet: — durch die Vorstellung nämlich, die jüdische Theokratie der Richter und Könige sei auch für das christliche Staatswesen das bleibende rechte Vorbild, womit dann die Ergebnisse seiner ausgedehnten Lektüre klassischer, lateinischer Autoren verschmolzen wurden; doch ist nicht zu verkennen, daß auch die Erinnerung an die Tyrannei der normännischen Könige, eines Wilhelm Rufus und Stefan von Blois, ihm, dem geborenen Angelsachsen, den Stil geschärft hatte.[12] Mehr noch tritt bei einem seiner Nachahmer, Giraldus Cambrensis, der Haß des Eingeborenen gegen die Fremdherrschaft der normännischen Könige an den Tag.[13]

Einen Beweis dafür, daß die Anschauungen eines Johann von Salisbury und Giraldus Cambrensis über den Tyrannenmord im christlichen Abendland noch nicht die herrschenden waren, können wir darin finden, daß noch 50 Jahre später, nach der Ermordung des deutschen Königs Philipp von Schwaben (21. Juli 1208), von den Zeitgenossen, auch den Gegnern, kein Versuch gemacht wird, die Blutthat durch Berufung auf biblische oder römische Beispiele zu rechtfertigen, daß vielmehr das deutsche Volk und die deutschen Fürsten, König Otto, der Rivale des Ermordeten, und Papst Innocenz III., sein Gegner, allgemein die That als verrucht anerkannten und straften.[14]

Ja noch nach weiteren hundert Jahren, bei der Ermordung König Albrechts I. (am 1. Mai 1308), suchte sich einer der nach der That ergriffenen Mörder nicht etwa mit Beispielen des Alten Testaments oder der römischen Kaisergeschichte zu rechtfertigen, sondern mit dem altgermanischen Recht der Blutrache.[15]

Inzwischen hatten aber die politischen Schriften des Aristoteles ihren Weg in's Abendland gefunden und der heidnische Philosoph eine Autorität erlangt, an welche selbst die des Kirchenvaters Augustin nicht heranreicht. In der Politik des Aristoteles fand man die logisch scharfe Gliederung der zulässigen Staatsverfassungen in die drei Arten des Königtums, des Edelstaates und des Bürgerstaates, denen drei unzulässige Ausartungen: die Tyrannis, die Oligarchie, die Demokratie, gegenüberstehen; weiter die Schilderung der Tyrannis als der schlechtesten Abart, der man nur gezwungen gehorcht, sowie eine Reihe von Regeln und Beispielen, wie sich das Volk dieser Herrschaft bloßer List und Gewalt entziehen könne. Andere Beispiele kannte man schon von früher her aus griechischen und römischen Rednern, Dichtern und Geschichtschreibern; sie dienten dazu das aus Aristoteles gewonnene System zu vervollständigen und rhetorisch auszuschmücken. Die Scholastiker, vor allen Thomas von Aquin, unternahmen es die Sätze des Aristoteles, als die vermeinte Lehre der natürlichen Vernunft, mit der Lehre der heiligen Schrift und den im kanonischen Recht bereits festgelegten theokratisch-hierarchischen Anschauungen der großen Päpste Gregor VII. und Innocenz III. zu einem einheitlichen Ganzen zu verschmelzen, worin auch die Lehre vom zweifachen Tyrannen, dem tyrannus in titulo und dem tyrannus in regimine, ihren festen Platz erhielt.

In seinem theologischen Hauptwerk, der Summa theologica, streift Thomas die Frage des Tyrannenmordes nur obenhin bei Erörterung anderer ethischer Probleme. So wird die Frage, ob der Aufruhr eine spezielle Todsünde sei, mit Ja beantwortet und der Einwand, daß doch die Befreiung des Volkes von Tyrannei als eine löbliche That gelte, — nach der Lehre des Philosophen nämlich — dahin beantwortet, daß die Abschüttelung des Tyrannenjoches nur dann als Aufruhr zu erachten sei, wenn sie Aufruhr zur Folge habe. Andernfalls sei mehr der Tyrann selbst als das Volk als Aufrührer zu betrachten. Von der Tötung des Tyrannen ist hier nicht ausdrücklich die Rede; einen Anhaltspunkt für die Meinung des hl. Thomas geben aber die Stellen der Summa, wo er von dem Recht und den Grenzen der Selbstverteidigung spricht. Hier beschränkt er, im Anschluß an den hl. Augustin, das Recht der Tötung eines Menschen auf die Fälle, wo sie durch öffentliche Autorität und zum Besten des Gemeinwohls vollzogen wird. Die Selbstverteidigung des Einzelnen ist nur gestattet innerhalb der Grenzen berechtigter Notwehr, — cum moderamine inculpatae tutelae — ein Vorbehalt, der allerdings sophistischer Auslegung nachmals willkommenen Spielraum gewährte, von Thomas selbst aber weiter dahin beschränkt wurde, daß die Tötung des Angreifers nur erlaubt sei, wenn sie gegen die Absicht und zufällig — praeter intentionem et per accidens — erfolge.[16]

Eingehend und im ganzen durchaus im Anschluß an Aristoteles' Politik handelt Thomas über den Begriff des Tyrannen in dem sicher von ihm selbst, in seinen letzten Lebensjahren, verfaßten ersten Buch der Schrift über das Fürstenregiment. Auch ihm ist, wie das Königtum die beste Regierungsform, so seine Ausartung, die Tyrannis, die schlimmste. Den Tyrannen schildert Thomas ganz wie die Alten als einen nur seinen Leidenschaften fröhnenden, die Unterthanen zu Zwietracht, Armut und Erniedrigung zwingenden, kurz sie zu Sklaven herabwürdigenden, mehr einem wilden Tier als einem Menschen vergleichbaren Gewaltherrscher. Drei Mittel, solche Tyrannei zu verhüten oder zu beseitigen, gibt Thomas an: das erste ist, die Monarchie von vornherein so einzurichten, daß das Volk (multitudo) das Absetzungsrecht sich vorbehält, — modern ausgedrückt, die Festsetzung der Volkssouveränität. Das zweite Mittel ist Anrufung einer höheren Autorität. Wer für seine Zeit diese Autorität sein konnte, sagt Thomas hier nicht ausdrücklich, aber aus späteren Stellen darf man unbedenklich folgern, daß er dabei zunächst an den römischen Papst denkt, und für ihn das Recht beansprucht, einen tyrannischen, insbesondere einen hartnäckig häretischen Fürsten abzusetzen und selbst zum Tode zu verurteilen. Die Exekution eines solchen Urteils wäre freilich, nach den Anschauungen des Mittelalters, nicht Sache der Kirche, sondern etwa eines benachbarten Fürsten gewesen. Dem Einzelnen aber verwehrt hier Thomas ausdrücklich das Recht, den Tyrannen zu töten. Das von Johann von Salisbury angeführte Beispiel des Aod weist er einerseits damit ab, daß es sich bei der Tötung Eglons nicht um einen rechtmäßigen, aber tyrannischen Fürsten, sondern um einen offenen Feind gehandelt habe, anderseits und bestimmter noch, indem er den Beispielen des Alten Testamentes die Lehre der Apostel und das Beispiel der christlichen Martyrer gegenüberstellt.

Als drittes Mittel gegen unerträgliche Tyrannei verweist endlich Thomas auf das Gebet zum König der Könige, zu Gott, der das Herz des Königs lenkt, wohin er will, und auf Bekehrung von Sünden; denn tyrannische Könige sind eine Strafe Gottes, der den Heuchler herrschen läßt wegen der Sünden des Volkes.[17]

Ganz ähnliche Ideen trägt Thomas vor im Kommentar zur Politik des Aristoteles. — Dagegen findet sich allerdings eine Stelle in seinen Schriften, wo er einer anderen Auffassung das Wort zu reden scheint, und gerade sie hat vielfach die Behauptung rechtfertigen müssen, daß die späteren Scholastiker, namentlich aber die Jesuiten, in Bezug auf den Tyrannenmord nichts anderes gelehrt hätten, als der Engel der Schule. Es ist dieß die berühmte Stelle im Kommentar zum Magister Sententiarum, wo die Frage, in welchen Fällen eine Obrigkeit nicht von Gott sei, scholastisch erörtert wird. Unter den Gründen, weshalb Niemand einer widerrechtlich angemaßten Gewalt zu gehorchen brauche, figuriert auch der, daß Tullius die Mörder Cäsars als Tyrannenmörder lobe. Thomas will dieses Argument dadurch eingeschränkt wissen, daß Tullius hier von einem gewaltsamen Usurpator spreche, gegen den keine Berufung an einen höheren Richter möglich sei: — „in diesem Falle nämlich, schließt er, wird der, welcher zur Befreiung des Vaterlandes den Tyrannen tötet, gelobt und belohnt."[18]

Mit Recht haben die Verteidiger des heiligen Thomas geltend gemacht, daß diese eine, immerhin zweideutige Stelle aus einem Jugendwerk gegenüber jenen andern, in denen er sich bestimmt

gegen den Tyrannenmord erklärt, nicht zu stark betont werden
dürfe; aber mit Unrecht haben sie bestritten, daß die Stelle that-
sächlich eine bedingte Rechtfertigung des Tyrannenmordes — nämlich der Ermordung des tyrannus in titulo — enthält. Unbefan-
gener urteilend wird man zugeben müssen, daß der große Theologe sich dabei mehr von seinen heidnischen Autoritäten leiten ließ,
als von den Vorschriften des Evangeliums.[19])

Wenn man auch sicher annehmen darf, daß Thomas von Aquin
durch die bedächtige, fast ängstliche Art, wie er die Grenzen des
Widerstandsrechtes gegen tyrannische Fürsten absteckt, in den nach-
folgenden, von Blutthaten aller Art erfüllten zwei Jahrhunderten keinem
Mörder den Dolch in die Hand gedrückt hat, so zeigen doch ge-
legentliche Bemerkungen von Männern, wie Wilhelm von Nogaret,
Siegelbewahrer König Philipps des Schönen, oder Giovanni Boccaccio,
ebenso gewiß, daß die Meinung, ein Tyrann dürfe von jedem Privaten ermordet werden, spätestens seit dem Ende des 14. Jahrhunderts
in den Kreisen der Gelehrten, bei den Legisten so gut wie bei den
Scholastikern, die herrschende geworden war.[20]) Daneben kann recht
wohl die Behauptung bestehen, daß nicht etwa aus solchen theo-
retischen Erwägungen die zahlreichen Fürstenmorde des 14. und 15.
Jahrhunderts entsprungen sind, sondern aus heftigen persönlichen
Leidenschaften, unbändiger Genußsucht und zügelloser Herrschsucht,
verbunden mit einer fast unverständlichen Geringschätzung fremden
Menschenlebens.

Auch die Ermordung des Herzogs Ludwig von Orleans, des
Bruders des geisteskranken Königs Karl VI. von Frankreich, auf
Anstiften seines Vetters und Rivalen, des Herzogs Johann von Burgund, am 23. November 1407, war von Haus aus sicherlich ein in
plötzlicher Aufwallung, aus Rachsucht und Ehrgeiz, verübtes Verbrechen.[21]) Wie so viele andere Mordthaten jener Zeit wäre auch
sie vielleicht schnell vergessen und vergeben worden, hätten nicht
ein paar Theologen es unternommen, sie nach der Hand zu recht-

fertigen und zugleich mit ihr den Tyrannenmord überhaupt zu einem Akt christlicher Pflichterfüllung umzustempeln.[22]) Dadurch wurde gerade dieser Mord zu einem Ereignis von weltgeschichtlicher Bedeutung.

In der ersten Besorgnis vor schimpflicher Entdeckung und Strafe hatte Herzog Johann selbst vor den anderen Prinzen von Geblüt bekannt, daß er die That auf Anstiften des Teufels verübt habe. Hernach aber, aus Paris geflüchtet und beraten von gewissenlosen Schmeichlern, bekannte er sich offen zu ihr und beschloß sie vor aller Welt, aus den Büchern der hl. Schrift und der alten Philosophen, der Lehrer des Rechts und der Theologie, als eine gute und gerechte zu erhärten.

Geleitet und beschützt von bewaffnetem Gefolge erschien Herzog Johann am 8. März des folgenden Jahres zu Paris vor den Prinzen von Geblüt und den königlichen Räten im Palast des Königs und ließ hier durch einen jener Theologen, den Magister und Doctor Johannes Parvus (Jean Petit), in langer französischer Rede die Tötung des Herzogs von Orleans als einen Akt gerechter Strafe für verübten Verrat an der geheiligten Majestät des Königs rechtfertigen.

Petit geht aus von dem als Axiom hingestellten Satze, daß es verdienstlich sei, einen Tyrannen, das heißt in Petits Sinn einen Verräter und Majestätsverbrecher, auch ohne Befehl von oben und selbst mit Hinterlist und Verrat, umzubringen, und zwar nach dem dreifachen Gesetz der Natur, der Moral und der Offenbarung. Dieß sucht er aus acht Sätzen, sogenannten Wahrheiten, zu erweisen. Zwölf Autoritäten, zu Ehren der zwölf Apostel, dienen als Beweishelfer: drei theologische, der hl. Thomas von Aquin, Johann von Salisbury und einige weitere Scholastiker; drei philosophische, Aristoteles, Cicero und Boccaccio; drei Sätze des Civilrechts, solche nämlich, welche Tötung des Deserteurs, des Straßenräubers, des nächtlichen Diebes für zulässig erklären, — und endlich drei Beispiele der hl. Schrift: das des Moses, der den Aegypter erschlug, das des Phinees, der den Herzog Zambri erdolchte, und das des Erzengels

Michael, welcher ohne besonderen Befehl Gottes den abtrünnigen Engel Lucifer vom Himmel stürzte. — Als Untersatz folgt der Beweis, daß auch der Herzog von Orleans ein solcher Majestätsverbrecher und Tyrann gewesen sei, und dann der Schluß, daß Herzog Ludwig mit Recht von seinem Vetter getötet worden, der darum, gleich Phinees und dem Erzengel Michael, nicht Tadel und Strafe, sondern Lob und den Dank des Königs verdiene.

Aus Furcht vor seinem gewaltthätigen Vetter gestand damals König Karl wirklich zu, daß er diesen für entschuldigt halte; später aber nahm er, dem Drängen der Witwe des Ermordeten nachgebend, sein Wort zurück, und nun wurde für ein ganzes Jahrzehnt Herzog Johanns Mordthat und besonders die versuchte Rechtfertigung ein Stein des Anstoßes für das ganze christliche Abendland. Die mehr und mehr wachsende Erkenntnis, daß durch den Versuch einen solchen Mord zu rechtfertigen, das richtige Gefühl für christliche Sittlichkeit im ganzen Volke getrübt werde, daneben freilich auch Parteinahme in dem politischen Gegensatz der feindlichen Häuser Burgund und Orleans, führte nach einiger Zeit den angesehensten Theologen des Jahrhunderts, Johannes Gerson, in einen Kampf, in dem er fortan seine besten Kräfte verbrauchte, seinen Frieden und seine ehrenvolle Stellung als Professor und Kanzler der Universität Paris zum Opfer brachte.

In früheren Jahren hatte Gerson selbst, auf Grund aristotelischer Anschauungen, die Meinung von der bedingten Zulässigkeit des Tyrannenmordes vertreten, etwa in der Weise wie Thomas von Aquin; nunmehr ging sein ganzes Sinnen und Trachten dahin, durch feierliche kirchliche Verdammung der Sätze des inzwischen bereits verstorbenen Doctor Petit zu verhüten, daß „Menschenhand die mit dem Finger Gottes geschriebenen Tafeln des göttlichen Gesetzes zerbreche." Vollen Erfolg hatte er zeitweilig bei der theologischen Fakultät der Pariser Universität, auf deren Andringen Bischof und Inquisitor die Petit'schen Sätze in aller Form verdammten, einen halben aber nur auf dem Konstanzer Konzil, welches der sonst so einflußreiche Theologe vergeblich zur vollen Billigung des Pariser Dekrets zu bewegen suchte. Die zahlreichen Freunde des mächtigen, auch durch Bestechung wirkenden Hauses Burgund hintertrieben all seine Bemühungen. Das ganze Ergebnis war das Glaubensdekret vom 6. Juli 1415, welches einen Satz als häretisch und ärgernisgebend verdammte, von dem die burgundische Partei mit Recht behaupten konnte, er decke sich nicht mit dem, was Petit gemeint und gesagt habe, den Satz nämlich: „jeder Tyrann kann und soll mit Fug und Recht von jedem beliebigen Vasall oder Unterthan getötet werden, selbst mit Hilfe von List und Schmeichelei, ohne Rücksicht auf Eide und Verträge, und ohne vorausgehenden Spruch oder Befehl eines Richters;" — ein Satz, welcher der Deutung weiten Spielraum läßt, beispielsweise die Behauptung nicht ausschließt, ein vom Papste gebannter und entsetzter Fürst dürfe von jedem bisherigen Unterthan getötet werden.[23])

In derselben feierlichen Konzilssitzung, welche eine so stark verklausulierte Verdammung des Tyrannenmordes aussprach, war auch Johannes Hus als Ketzer verdammt und der weltlichen Gewalt zum Feuertod überliefert worden, weil er gewagt hatte, das Zeugnis seines Gewissens höher zu stellen, als die äußere Autorität der Kirche.

Wollen wir über jene Nachsicht gegen ein grobes sittliches Verbrechen und diese Schärfe gegen einen bloßen religiösen Irrtum nicht allzuhart und unbillig urteilen, so müssen wir im Auge behalten, wie sehr jene Zeit noch unter dem Banne theokratischer und hierarchischer Anschauungen stand. Auch die Gegner Petits mühten sich vielfach vergeblich ab, das Gewicht der ihnen vorgehaltenen Beispiele aus dem Alten Testament zu entkräften: das Lob eines Hohenpriesters Jojada, der die Königin Athalia ermorden ließ, einer Judith, die den Holofernes erschlug, eines Moses, Phinees und Samson. Hatte doch auch Thomas von Aquin sich verpflichtet geglaubt, die Tötung des Aegypters durch Moses damit zu rechtfertigen, daß dieser „gleichsam aus göttlicher Inspiration gehandelt habe." Neben der Scheu vor der Autorität des Engels der Schule und des großen Philosophen des Altertums wirkte dann noch die Besorgnis mit, durch allzuschroffe Verdammung der Petit'schen Sätze der Tyrannei gewissenloser Fürsten das Wort zn reden.[24]

Mit dem Absterben der Scholastik und der Wiederbelebung des klassischen Altertums im Fortgang des 15. Jahrhunderts verloren jene alttestamentlichen Beispiele mehr und mehr ihr Gewicht; dafür reizten aber jetzt, zumeist in Italien, heidnische Vorbilder, wie auf allen Lebensgebieten, so auch auf dem politischen, zu bewußter Nacheiferung.

Die italienischen Fürsten der Renaissance ahmten in frecher Ausschweifung und entsetzlicher Grausamkeit die Tyrannen der griechischen Städte und die Cäsaren des römischen Imperium nach; dafür traf denn auch manchen von ihnen der Dolch einer Bande von Verschwörern, die sich mit den Ehrennamen eines Thrasybul und Timoleon, eines Brutus und Cassius schmückten und mit dem Dichter Seneca ausriefen: „Kein Opfer gibt es, das den Göttern lieblicher ist, als Tyrannenblut".

Fast wie eine dunkle Erinnerung an eine untergegangene Kulturperiode erscheint es, wenn neben Brutus wohl auch einmal Judith als Vorbild für Tyrannenmörder verherrlicht, oder neben Aristoteles, Cicero und Plutarch auch Thomas von Aquin als philosophische Autorität für den Tyrannenmord angerufen wird.

Mit kühler Verständigkeit erörtert Machiavell in einem berühmten Kapitel seiner Discorsi die Aussichten für und wider das Gelingen von Verschwörungen und Fürstenmorden, mit vielen Beispielen aus alter und neuer Zeit; daß sittliche oder religiöse Bedenken von einem Mord abhalten können, scheint ihm kaum in den Sinn zu kommen. Nur der Erfolg entscheidet, ob die That recht oder unrecht war.[25]

Kaum ein Jahrzehnt trennt diese Erneuerung heidnischer Anschauungen von der in der deutschen Reformation erstrebten Rückkehr zum paulinischen Christentum.

Luther hat sich in seinem grimmigen Haß gegen das Papsttum und seine fürstlichen Gegner, einen Herzog Georg von Sachsen und König Heinrich VIII., manchmal zu bösen aufreizenden Worten hinreißen lassen, aber vor der Behauptung eines bis zum Tyrannenmord gesteigerten Widerstandsrechtes der Unterthanen gegen gewaltthätige Fürsten bewahrte ihn einerseits seine auf die apostolischen Vorschriften gegründete Ehrfurcht vor der weltlichen Obrigkeit, anderseits seine Ueberzeugung, daß das Gesetz und die Beispiele des Alten Bundes für die Christen keine bindende Kraft mehr besitzen.

Nicht nur in seinem Verhalten gegen Carlstadt und Münzer, gegen die Bilderstürmer und die aufrührerischen Bauern ließ er von diesen beiden Grundsätzen sich leiten, sondern auch noch einige Jahre später (1529), als die lutherischen Fürsten vor der Frage standen, ob sie dem drohenden Ueberfall des Kaisers gewaltsamen Widerstand entgegensetzen dürften. Während damals Luthers Freund Bugenhagen, den sächsischen Juristen beistimmend, — nicht aber, gleich ihnen, mit Berufung auf das Naturrecht, sondern auf das Alte Testament — die Erhebung gegen den Kaiser für erlaubt erklärte, blieb Luther mit den meisten anderen lutherischen Theologen dabei, daß man sich der weltlichen Obrigkeit nicht widersetzen dürfe, auch wenn sie Unrecht thue, unbeschadet freilich des Rechtes des Reiches, namentlich der Kurfürsten, einen seine Gewalt mißbrauchenden Kaiser abzusetzen.

Luther ist nachher dieser Auffassung nicht ganz treu geblieben. Zwei Jahre später verzichtete er förmlich darauf, seine theologischen Bedenken gegen die den bewaffneten Widerstand für zulässig erklärenden sächsischen Juristen geltend zu machen. Von da ist's freilich noch ein weiter Weg bis zur Rechtfertigung des Tyrannenmordes. Daß Luther oder Zwingli diesen durchmessen, hat selbst der durch religiösen Haß geschärfte Spürsinn kirchlicher Gegner nicht darthun können. Wohl aber hat man bei dem sonst so milden, aber von antiken Anschauungen stark beeinflußten Melanchthon in vertraulichen Briefen ein paar Stellen entdeckt, in denen der Feindeshaß das nach christlicher Auffassung zulässige Maß überschreitet. So wenn er auf die Nachricht von der Hinrichtung des Lord Cromwell durch König Heinrich VIII. (1540) jenes Wort des Tragikers Seneca citiert und den Wunsch äußert: möchte doch Gott einem tapferen Mann einen solchen Geist (des Tyrannenmordes) einflößen.[26])

Calvin betont in seinem Lehrbuch der christlichen Religion die Pflicht des Gehorsams gegen die weltliche Obrigkeit auf's stärkste. Den einzelnen Unterthanen gestattet er gegen Tyrannei der Machthaber, wenn diese etwas befehlen, was gegen Gottes Gebot, nur passiven Widerstand. Gleich daneben steht freilich ein alttestamentlicher Gedanke von gefährlicher Tragweite: daß Gott zur Zeit der Not wunderbarer Weise Rächer und Erlöser des geknechteten Volkes zu erwecken wisse.[27])

Aber die Jünger gingen in Theorie und Praxis bald über den Meister hinaus. Der Religionsspaltung folgte der Religionskrieg, der blutigen Verfolgung des religiösen Dissensus der blutige Widerstand. In dieser Atmosphäre lebte auch die alttestamentliche Vorstellung von dem Recht und der Pflicht, tyrannischen Verfolgern der reinen Lehre und des Volkes Gottes mit dem Schwert zu widerstehen, mit anderen Worten die Lehre vom Tyrannenmord wieder auf.

Starke Spuren dieses Geistes zeigen sich bereits zur Zeit der Aechtung und Belagerung der Stadt Magdeburg (1549—52)[28]), fester ausgeprägt dann auf dem Gebiet der calvinischen Reform. Der erste, welcher hier den Tyrannenmord theoretisch mit aller Bestimmtheit vertritt, ist einer der vor den Bluturteilen der Königin Maria Tudor aus England geflüchteten protestantischen Bischöfe, Johann Poynet. In einer im Jahre 1558 in Deutschland oder der Schweiz gedruckten kleinen Abhandlung über den wahren politischen Gehorsam erörtert Poynet auch die Frage, ob die Absetzung eines schlechten Fürsten und die Tötung eines Tyrannen zulässig, und bejaht sie ganz im Sinne eines Johann von Salisbury und Johann Petit, mit Berufung teils auf das auch den Heiden in's Herz geschriebene Naturgesetz, gemäß welchem der Tyrannenmord als eine edle That gepriesen wird, teils auf Beispiele der englischen und der dänischen Geschichte, besonders aber auf die Vorbilder des Alten Bundes: Jehu, der die Königin Jezabel töten und den Hunden vorwerfen ließ, den Hohepriester Jojada, auf dessen Antrieb Königin Athalia ermordet wurde. Ideen ähnlicher Art äußerte gleichzeitig Poynets fanatischer Landsmann und Mitflüchtling Christopher Goodman in mehreren Flugschriften gegen die Königin Maria von England.[29])

Der Schotte Johann Knox, der schon im Jahre 1546 an der Ermordung des Erzbischofs Beaton von Saint Andrews teilgenommen und dafür in Frankreich ein paar Jahre Galeerenstrafe verbüßt hatte, war im Jahre 1555 nach Schottland zurückgekehrt, mit dem festen Entschluß, das neue Evangelium im Geiste des Alten Bundes zur Alleinherrschaft zu bringen. Als Maria Stuart nach dem Tode ihres ersten Gemahls im Sommer 1561 nach Schottland kam und für sich die Feier der Messe verlangte, erklärte ihr Knox ganz offen, daß er solche Erneuerung des alten Götzendienstes nicht dulden werde. Und da ihn Maria durch den Hinweis auf das von den Aposteln gegenüber der heidnischen Obrigkeit gegebene Beispiel zur Nachgiebigkeit zu bewegen suchte, antwortete ihr der grimmige Reformator, nicht das Recht, sondern nur die Macht zu bewaffnetem Widerstand habe den Aposteln gefehlt. Die politischen Häupter der protestantischen Partei mißbilligten damals noch das Ungestüm ihres geistlichen Führers, wenige Jahre später (1566) machten sie sich aber kein Gewissen daraus, mit Zustimmung der Prädikanten Knox und Craig, den Vertrauten der Königin bei ihren Bemühungen für Wiederherstellung der katholischen Religion, den Italiener David Riccio, fast unter Marias Augen, als einen Feind des auserwählten Volkes Gottes, zu ermorden.[30])

In Frankreich hatte schon einige Jahre vorher (1563) ein junger Hugenott, Johann von Poltrot, das Beispiel des Meuchelmordes aus religiösem Fanatismus gegeben. In seinen letzten Bekenntnissen vor der Hinrichtung verharrte Poltrot bei seiner Erklärung, er habe den

Herzog Franz von Guise als einen Tyrannen getötet, der die Kinder Gottes verfolgte. Die Häupter der Hugenotten, der Admiral Coligny und Theodor von Beza, reinigten sich zwar von dem Vorwurf persönlicher Mitschuld an Poltrots That; diese selbst aber erklärten auch sie als ein gerechtes Urteil Gottes.[31]

Daß auch die Fanatiker der römischen Kirche schon damals nicht wesentlich anders über die Berechtigung des religiösen Meuchelmordes dachten, beweist die Thatsache, daß Pius V., der letzte von der römischen Kirche heilig gesprochene Papst, im Jahre 1571 unbedenklich mit König Philipp II. und dem Herzog von Alba über den Plan einer Ermordung der von ihm gebannten und ihres Amtes entsetzten Königin Elisabeth von England verhandelte.[32] Nur die vermeinte sittliche Rechtfertigung der That war hier eine etwas andere; bei jenen Calvinisten ausschließlich die Berufung auf Lehre und Vorbilder des Alten Bundes, bei den römischen Katholiken zugleich der Hinweis auf die Vorschriften des kanonischen Rechtes über die Ausrottung der Ketzer. Doch fehlte auch hier nicht die Berufung auf das Alte Testament, wie denn in der römisch-katholischen Polemik jener Zeit Elisabeth von England mit Vorliebe als Königin Jezabel bezeichnet wird.

Großen Einfluß auf die Ausbildung eines vollständigen Systems des Widerstandsrechtes der Unterthanen gegen tyrannische Fürsten übte dann, zunächst bei den Reformierten, rückwirkend aber auch bei den römischen Katholiken, die Bartholomäus-Nacht des Jahres 1572, in der sich die Monarchie Ludwigs des Heiligen auf die Stufe einer jener von Machiavell geschilderten italienischen Tyrannenherrschaften erniedrigte.[33]

Unter dem Eindruck dieses großen Verbrechens des Jahrhunderts und des Königtums schrieb Franz Hotman seine Franco-Gallia, in der er, auf Grund tendenziöser Deutung der französischen Geschichte, der königlichen Gewalt die eigentliche Souveränität abstritt, um sie dem in der Ständeversammlung repräsentierten Volke zuzuerkennen.[34]

In ähnlicher Weise suchte der Erzieher des jungen schottischen Königs Jakob, des Sohnes der Maria Stuart, Georg Buchanan, in seinem Dialog über das Recht des schottischen Königtums auch für Schottland zu erweisen, daß das Volk und das von ihm gegebene Gesetz über dem König stehe, und daß ein zum Feind des Volkes gewordener Tyrann, nach dem Urteil fast aller Nationen, wie der Griechen und Römer, so auch der Schotten, abgesetzt und auch von Einzelnen getötet werden dürfe.[35])

Zu gleichen Schlußfolgerungen kamen, mit Benutzung der Franco-Gallia, aber mit stärkerer Beiziehung alttestamentlicher Anschauungen und Beispiele, der unbekannte Verfasser des zuerst französisch im Jahre 1574 erschienenen Büchleins vom Recht der Obrigkeiten über ihre Unterthanen, und der unter dem Pseudonym Stephanus Junius Brutus schreibende Verfasser der umfangreicheren Schrift: Vindiciae contra tyrannos, in welchem neuere Forschungen mit Sicherheit den Herrn Duplessis-Mornay, einen der geistigen Führer der französischen Calvinisten, nachgewiesen haben. In diesen beiden Schriften wird zwar nicht dem Einzelnen, wohl aber dem Volk und dessen Vertretern, den Ständen, in beschränkterem Maße auch den niederen Obrigkeiten, das Recht zugesprochen, vertragsbrüchigen Fürsten mit den Waffen sich zu widersetzen und sie sogar zu töten. Aber auch der Einzelne kann durch außerordentliche Berufung Gottes das Recht zur Tötung eines tyrannischen Fürsten erlangen, wie das Beispiel Aods, der Prophetin Deborah, des Jehu beweist. Daß der sogenannte tyrannus in titulo, das ist der Usurpator, von jedem Bürger getötet werden darf, erscheint ohnehin diesen protestantischen Vertretern der Volkssouveränität so wenig als zweifelhaft, wie dem monarchisch gesinnten Johann Bodin,[37]) oder wie es der großen Mehrzahl der scholastischen Autoren des Mittelalters erschienen war.

Wenn die in den Grundzügen schon in Calvins Lehrbuch der christlichen Religion ausgesprochene Behauptung des Rechtes der Stände, oder von Volksbeamten, wie vordem die Ephoren oder die Tribunen, zur Kontrolle der königlichen Gewalt von jenen hugenottischen Tagesschriftstellern so stark betont wurde, so hing das zusammen mit der Hoffnung der Partei, in den französischen Ständen eine Stütze gegen das ihr feindselige Königtum zu finden. Diese Hoffnung erwies sich bald als trügerisch. Die allgemeinen Stände von 1576 und mehr noch die von 1588 erklärten sich scharf gegen jede Duldung religiöser Absonderung. Dagegen leuchtete den Reformierten seit dem Tode des Herzogs von Anjou im Jahre 1584 die Hoffnung auf, in dem nächstberechtigten Thronerben des mit König Heinrich III. aussterbenden Hauses Valois, in ihrem Glaubensgenossen Heinrich von Navarra, einen Vorkämpfer ihrer religiösen Ideen zu finden. Seitdem fingen die Hugenotten an, wieder königstreu zu werden, die fanatischen Katholiken aber wurden, aus Haß gegen den Bearner, antimonarchisch und schließlich zu Königsmördern.[38]

Im allgemeinen hinkte also auch hier wieder die Theorie den Thatsachen nach. Vereinzelt haben wir aber schon früher ein merkwürdiges Beispiel, wie rein auf dem Wege der Spekulation, von einem streng römisch gesinnten Gelehrten, die antimonarchischen Tendenzen der Reformierten aufgenommen und mit kleinen Modifikationen specifisch römischen Grundsätzen angepaßt wurden.

Ich habe soeben jenes zuerst im Jahre 1574 französisch, zwei Jahre später in lateinischer Bearbeitung erschienenen Büchleins vom Rechte der Obrigkeiten gedacht. Im Jahre 1578 machte sich der salzburgische, später bairische Rat Johann Baptist Fickler daran, dieses Schriftchen aus dem Calvinischen in's Römisch-Katholische zu übersetzen; zu diesem Zweck schrieb er es größtenteils wörtlich ab, nur fügte er, wo jenes von Gottes Gebot spricht, die Gebote der Kirche hinzu, und setzte an Stelle von Beispielen, welche sich gegen die römische Kirche richten, solche, die sich gegen die ketzerischen Kirchengenossenschaften kehren. Ein angesehener Jesuit, P. Gregor von Valentia, und ein anderer Doctor der Theologie in Ingolstadt haben Ficklers Schrift die Druckerlaubnis erteilt, mit der ausdrücklichen Bemerkung, daß sie eine nützliche, nichts gegen den orthodoxen Glauben enthaltende Abhandlung sei.[39]

Bei einigen katholischen Autoren der Niederlande sieht man, wie die ältere, scholastische Auffassung des Widerstandsrechtes der Unterthanen mit der aus Frankreich stammenden neueren Theorie der Volkssouveränität gleichsam nach einem Ausgleich ringt. Cunerus Petri, der als Flüchtling in Köln lebende Bischof von Leeuwarden, hält sich noch ganz an die scholastische Lehre, wie Thomas von Aquin sie im Kommentar zum Petrus Lombardus formuliert hatte: der Tyrann ohne Titel (Usurpator) darf von jedem Privaten getötet werden, der rechtmäßige, seine Gewalt mißbrauchende Fürst aber nur, wenn er von einer höheren Obrigkeit, das ist für Cunerus Petri namentlich der Papst, seines Amtes entsetzt und als Rebell, somit wieder als Usurpator, erklärt ist. Aehnlich spricht sich auch der Löwener Theologie-Professor Johann Lensäus in verschiedenen Schriften aus den siebziger und achtziger Jahren aus. Sein Kollege Johann Molanus möchte, in einer schon 1582 vollendeten, aber erst 1584 veröffentlichten Abhandlung, das Recht der Tötung eines als öffentlicher Feind erklärten Rebellen — Molanus denkt jedenfalls zunächst an Oranien — nach der älteren, augustinisch-ciceronischen Auffassung am liebsten auf die Berufssoldaten beschränken; dabei müht sich aber der nicht besonders klar denkende Mann vergeblich ab, seine scholastischen Ideen mit der von Fickler angenommenen, ebenfalls von der geistlichen Autorität gebilligten Vertragstheorie in Einklang zu bringen.[40])

Gerade in den Niederlanden waren damals diese Fragen von unmittelbar praktischer Bedeutung. Hatte doch König Philipp auf den Kopf des Prinzen von Oranien einen Preis gesetzt und dadurch mehr als einmal Mörderhände gegen diesen Rebellen und Tyrannen bewaffnet, bis endlich am 10. Juli 1584 (n. St.) die That dem Burgunder Balthasar Gerard glückte.[41]) Der Mörder, unter unmenschlichen Qualen hingerichtet, wurde von Oraniens Feinden wegen seiner Standhaftigkeit als Martyrer gepriesen. Der klassisch gebildete, zugleich streng kirchliche Lütticher Archidiakon Lävinus Torrentius, nachmals Bischof von Antwerpen und Erzbischof von Mecheln, besang in einer schwungvollen Ode den über jedes Lob erhabenen Tyrannentöter, die Zierde der Sequaner, als einen neuen Herkules, der verdient habe als Heiliger, mit dem Titel eines Vaters des Vaterlandes, in den Kalender gesetzt zu werden.[42])

Zu beachten ist freilich, daß Oraniens Tötung von den römischen Katholiken nicht als Tyrannenmord im gewöhnlichen Sinn angesehen wurde, sondern als die an einem Staatsverräter vollzogene Exekution eines richterlichen Urteils.[43]) Die Meinung, daß es dem Fürsten gestattet sei, gefährliche Staatsverbrecher ohne förmlichen Prozeß, auch heimlich, umbringen zu lassen, hat ihren eigenen Lauf, gleichsam parallel mit der Lehre vom Tyrannenmord, verfolgt und diese überlebt, wie ja noch bis in unser Jahrhundert hinein absolute Monarchen kein Bedenken getragen haben, auf den Kopf eines Staatsverbrechers einen Preis zu setzen.[43])

Auch die von Madrid und Rom aus gegen Königin Elisabeth von England ins Werk gesetzten Mordanschläge wird man im Sinne der Urheber als eine Art von richterlicher Exekution aufzufassen haben.

Wie unter Papst Pius V., so wurde auch unter seinem Nachfolger Gregor XIII. zwischen englischen Flüchtlingen und Vertretern des Papstes wiederholt der Plan erörtert, die englische Jezabel ermorden zu lassen. Nicht sittliche Bedenken haben den Plan vereitelt, sondern nur die Schwierigkeit der Ausführung.[44]) Königin Elisabeth ihrerseits hätte sich freilich auch kein Gewissen daraus gemacht, wenn Sir Paulet sich dazu hergegeben hätte, ihrem Wunsche nachkommend, die schottische Rivalin heimlich umzubringen.[45])

Die konsequenteste Verwirklichung der Lehre vom Tyrannenmord war der französischen Ligue vorbehalten.

Wieder, wie zur Zeit der Bartholomäusnacht, vor 16 Jahren, trifft das französische Königtum selbst ein gut Teil der Schuld an der neuen Trübung, welche die Idee der Majestät erfuhr. Durch freche Ausschweifung und Verschwendung, abwechselnd mit läppischer Frömmelei, hatte König Heinrich III. sich längst verächtlich gemacht.

Da es ihm nicht gelang, die Ligue, welche die Alleinherrschaft der römischen Kirche in Frankreich erstrebte, sich zu unterwerfen, er vielmehr mit Neid sehen mußte, wie das Ansehen des jungen Herzogs Heinrich von Guise mit jedem Tage stieg, ließ er während der Versammlung der Stände zu Blois, am 23. Dezember 1588, den gefährlichen Nebenbuhler in seinem Kabinet ermorden; gleich danach auch noch dessen Bruder, den Kardinal von Guise.

Unsägliche Wut gegen den Verräter und Mörder entflammte hierauf die Gemüter der großen Masse der Franzosen, vor allem die erregbaren Bewohner der Hauptstadt Paris. Kirchen und Straßen wiederhallten von dem Ruf nach Rache an dem Tyrannen. Die Häupter der Stadt Paris forderten und erlangten, daß die theologische Fakultät die Unterthanen ihres Treueides entband, sie zum bewaffneten Aufstand gegen den seiner Krone verlustigen Heinrich von Valois ermächtigte.[46])

Einige Monate danach, am 1. August 1589, wurde König Heinrich von einem jungen Priester des Dominikanerordens, Jakob Clément, mit einem Messer erstochen. Fanatische Predigten hatten den schwachen Kopf des Mönches erhitzt, der Beichtvater sein Gewissen mit der Versicherung beruhigt, der Tyrannenmord sei keine Sünde, sondern eine rühmliche That. Der Mörder wurde auf der Stelle niedergemacht, dafür aber von den liguistischen Predigern und von seinen Ordensgenossen als Martyrer gefeiert.[47])

Den Predigten und Flugschriften, welche die That des neuen Aod priesen, folgten dicke Bücher, welche sie mit gelehrten Argumenten rechtfertigten. Zwei von diesen zeichnen sich aus durch ihre Maßlosigkeit: das des Pariser Liguistenführers, Pfarrers und Theologieprofessors Johann Boucher über die rechtmäßige Absetzung König Heinrichs III. und das zuerst anonym in Paris, danach wieder in Antwerpen unter dem Namen Guilelmus Rossaeus erschienene, viel umfangreichere eines englischen Flüchtlings, Wilhelm Rainolds, über die rechtmäßige Autorität des christlichen Gemeinwesens über gottlose und häretische Könige.[48])

Boucher bewegt sich in seinen Argumenten für die Souveränität des Volkes und der Stände ganz in den Bahnen eines Hotmann, Buchanan und des sogenannten Junius Brutus;⁴⁹) für Rossaeus sind mehr die theokratisch-hierarchischen Gesichtspunkte maßgebend. Doch fehlen diese auch bei Boucher nicht. Auch ihm ist Jakob Clément ein zweiter Aod; über die Thaten einer Judith, eines David und Samson erhebt er die seine. Boucher zählt in seinem größtenteils schon vor König Heinrichs Ermordung niedergeschriebenen Buch acht Verbrechen auf, welche dessen Absetzung rechtfertigen; als einen Meineidigen, Majestätsverbrecher und Tyrannen, als religiösen Heuchler und Ausbund aller Laster schildert er ihn. Daß Heinrich getötet werden darf, folgt schon daraus, daß er ein Tyrann und öffentlicher Feind ist; denn einen solchen darf jeder Private töten.

Rossaeus bemüht sich besonders nachzuweisen, daß Ketzerei ein Verbrechen ist, welches den König sofort zum Tyrannen macht. Das Königtum ist dem Priestertum, besonders dem Papsttum, unbedingt untergeordnet. Salbung und Krönung sind es, welche eigentlich erst die königlichen Rechte verleihen. Verletzt der König den bei der Krönung geschworenen Eid, die katholische Religion zu schützen, so hat er sein eigenes Recht verwirkt. Sollte ein von der Kirche exkommunicierter Kaiser auch nur wagen, die Schwelle einer Kirche zu überschreiten, so würde er dadurch sofort aus einem gerechten Kaiser zu einem ungerechten Tyrannen. Durch des Papstes Autorität wird, was sonst Aufruhr und Verschwörung wäre, zu gerechter Strafe und Rechtspflege. Jakob Clément ist auch für Rossaeus ein besonderes Werkzeug Gottes.⁵⁰)

Daß auch Heinrich von Bearn, der rückfällige Ketzer, des Thrones unwürdig und ein des Todes würdiger Verbrecher ist, versteht sich für Rossaeus wie für Boucher ganz von selbst; ist doch eine Beleidigung der göttlichen Majestät ein viel schwereres Verbrechen, als die eines irdischen Königs.

Gegen solchen Aberwitz mußte Heinrich von Navarra noch vier Jahre lang kämpfen und schließlich den Sieg durch halbe Nachgiebigkeit, nämlich durch seinen Uebertritt zur römisch-katholischen Kirche, erkaufen. Auch danach war er vor den Dolchen der Mörder nicht sicher. Noch siebenmal sind Attentate auf ihn gemacht worden. Erst in seinen letzten Lebensjahren, nachdem er die Leitung seines Gewissens in die Hand eines Jesuiten, des Pater Coton, gegeben hatte, das ist seit dem Jahre 1604, sorgten die Jesuiten dafür, daß von seiten ihrer Parteigenossen nichts mehr gegen König Heinrich IV. unternommen wurde. Mit Unrecht sind sie auch der Mitschuld an Ravaillacs That, welcher Heinrich am 14. Mai 1610 zum Opfer fiel, beschuldigt worden.[51]) Wohl aber hatten einzelne Jesuiten Anteil an den früheren Mordanschlägen gegen Heinrich IV. Dieß und der Umstand, daß die angesehensten Mitglieder des Ordens in ihren Schriften sich damals entschieden für die Erlaubtheit des Tyrannenmordes aussprachen, hat Anlaß gegeben, daß man die Jesuiten vielfach sogar zu Urhebern dieser Theorie, und in Verbindung damit auch der Lehre von der Volkssouveränität, gemacht hat. Die Jesuiten ihrerseits haben sich entschieden gegen den Vorwurf verwahrt und behauptet, ihre Autoren, mit einer einzigen oder höchstens ein paar Ausnahmen, hätten in bezug auf den Tyrannenmord nichts anderes gelehrt als der heilige Thomas von Aquin und die Schule überhaupt. Da die Polemik über diese Streitfrage bis zum heutigen Tage sich fortspinnt, will ich versuchen, in ein paar Worten darzulegen, was an dem gegen die Jesuiten erhobenen Vorwurf begründet, was unbegründet ist.[52])

An der revolutionären Auflehnung der Ligue gegen das legitime Königtum hatten auch einzelne Jesuiten Anteil gehabt, doch nicht gerade hervorragenden, jedenfalls nicht mehr als die Angehörigen der meisten anderen Orden. War doch selbst die theologische Fakultät der Universität Paris, dieser Lieblingspflegetochter der französischen Krone, wie man sie genannt hat, für einige Zeit der allgemeinen Ansteckung verfallen. Seit König Heinrichs siegreichem Einzug in Paris, am 22. März 1594, suchte aber die Sorbonne durch verdoppelten monarchischen Eifer ihre zeitweilige Verirrung gut zu machen. Daß die Jesuiten diese Umwandlung nicht alsbald mitmachten, war, neben der Eifersucht gegen ihr erfolgreiches Bemühen den Jugendunterricht in die Hand zu bekommen, der Hauptgrund, daß sich nun der allgemeine Haß gegen sie wandte; sie wurden gleichsam der Sündenbock, dem die übrige französische Geistlichkeit die Schuld ihres Abfalls vom Königtum auflud.[53])

Im Juli 1594 hielten die Advokaten der Universität und der Pfarrgeistlichkeit von Paris, Anton Arnauld und Ludwig Dellé, ihre berühmt gewordenen Reden gegen die Jesuiten, denen sie unter anderm die Schuld sowohl an dem jüngsten Mordanschlag gegen König Heinrich IV. — dem von Peter Barrière — wie an der Ermordung Heinrichs III. zuschoben. Ende des Jahres erfolgte wieder ein Attentat gegen Heinrich IV. — von Johann Chastel — und dießmal waren wirklich einige Jesuiten in dasselbe verwickelt. Daraufhin erließ im Dezember 1594 das Pariser Parlament ein Urteil gegen alle Mitglieder der sogenannten Gesellschaft Jesu, worin diese als Verführer der Jugend, Störer des öffentlichen Friedens, als Feinde des Königs und des Staates aus Paris und allen Städten des Königreichs ausgewiesen wurden. Aehnliche Parlamentsbeschlüsse gegen die Jesuiten und zugleich gegen die Ligue wiederholten sich in den nächsten Jahren.

Jahrzehnte lang zog sich seitdem am französischen Hof und vor den Gerichten, in Flugschriften und gelehrten Büchern der Kampf zwischen Gallikanern und Jesuiten fort, wobei stets der Vorwurf, daß die Jesuiten Königsmord lehrten, ihren Gegnern als schärfste Waffe diente. Das Endergebnis dieser Fehde war, daß die Jesuiten für Frankreich die Lehre von der Erlaubtheit des Tyrannenmordes fallen ließen, während sie in allen anderen Ordensprovinzen daran festhielten, aber geltend machten, daß Tyrannenmord und Königsmord zwei wesentlich verschiedene Begriffe seien.[54])

Den wahren Grund der Hartnäckigkeit, mit welcher die Jesuiten eine den weltlichen Obrigkeiten so anstößig gewordene Lehre verteidigten, sehe ich darin, daß diese Lehre, in der Gestalt, welche ihr die Jesuiten gegeben haben, eng verwachsen ist mit dem von den Päpsten beanspruchten und oft geübten Recht Fürsten abzusetzen und die Unterthanen ihres Treueides zu entbinden, damit aber auch ihnen die Waffen gegen den abgesetzten, ipso jure et facto zum Tyrannen gewordenen Fürsten in die Hand zu geben. Als Verteidiger dieser politischen Machtbefugnis der Päpste waren die Jesuiten logisch fast genötigt, auch für die Zulässigkeit des Tyrannenmordes einzutreten. Wenn sie bis auf den heutigen Tag behauptet und zu beweisen versucht haben, daß sie damit nichts anderes lehrten, als der heilige Thomas von Aquin, so ist das nur richtig mit der Einschränkung, daß man an jene eine, vorhin erwähnte, etwas zweideutige Stelle denkt, wo Thomas der Tötung eines Usurpators zuzustimmen scheint, während er sonst zwar bewaffneten Aufstand gegen einen Tyrannen, nicht aber hinterlistigen Mord zuläßt. Dagegen gestattet der nicht lange vor der Aufhebung des Ordens, von Gegnern der Jesuiten, im Auftrag des Pariser Parlaments, gemachte Auszug gefährlicher Behauptungen der sogenannten Jesuiten keinen Zweifel, daß von Emanuel Sá bis zu Busenbaum und Lacroix, das heißt vom Ende des 16. bis zum Anfang des 18. Jahrhunderts, die Zulassung des Tyrannenmordes in einer mit dem Evangelium und den Anschauungen der alten Kirche unvereinbaren Weise Sententia communis der Jesuiten gewesen ist.[55]

Eine ganz besondere Stellung nimmt, meines Erachtens, derjenige Jesuit ein, welcher gewöhnlich als der Hauptvertreter der jesuitischen Lehre vom Tyrannenmord gilt, nämlich der spanische Jesuit Johann Mariana. Mariana ist in der That in seinem berühmten, zuerst im Jahre 1599 veröffentlichten, größtenteils aber schon im Jahre 1590 geschriebenen Buch über den König und seine Erziehung ein entschiedener Verteidiger des Tyrannenmords und kümmert sich dabei nicht um den allerdings ziemlich willkürlichen Unterschied zwischen dem tyrannus in titulo und tyrannus in regimine; aber seine Argumente stammen nicht, wie die der übrigen Jesuiten, aus theokratisch-hierarchischen Grundsätzen, sondern teils aus dem Naturrecht, gemäß welchem ihm die Autorität des ganzen Volkes höher steht, als die des Königs, teils aus der spanischen Geschichte, in welcher er, ein gründlicher Kenner, nichts von besonderen göttlichen Vorrechten des Königtums gefunden hatte. Man darf behaupten, daß kein anderer Autor des Jesuitenordens so wenig von eigentlich jesuitischen Grundsätzen sich geleitet zeigt, wie Mariana. Wenn die Jesuiten demnach mit gutem Grund diesen Verteidiger des Tyrannenmordes von ihren Rockschößen abschütteln können, so haben sie anderseits kein Recht, diesen kühnen und stolzen Geist, einen Schriftsteller ersten Ranges, den Zierden ihres Ordens beizuzählen.

Was übrigens die besonders anstößige Art betrifft, wie Mariana den Mörder König Heinrichs III., Jakob Clément, lobt, so ist zu beachten, daß diese Stelle jedenfalls unmittelbar unter dem Eindruck des Kampfes geschrieben ist, in welchem Spanien, verbunden mit der Ligue und dem Hause Guise, gegen das legitime französische Königtum rang und ihm schließlich unterlag.[56])

Auch im deutschen Reich stritt man damals lebhaft über Recht und Grenze des Widerstands der Unterthanen gegen tyrannische Fürsten; doch blieb der Streit zum Glück auf die Kanzeln und Katheder der Theologen und Juristen und auf die Studierstuben der Gelehrten beschränkt.[57]) Dagegen behielt, wie in Frankreich, so auch in England noch nach dem Tode der Königin Elisabeth der Streit seinen gewaltthätigen, vor praktischer Anwendung der Theorie nicht zurückschreckenden Charakter.

Die englischen Katholiken hatten gehofft, der Nachfolger der gottlosen Jezabel, König Jakob I., werde als der Sohn einer Martyrerin der katholischen Kirche die harten Strafgesetze gegen Ausübung des katholischen Kultus mildern. Als das nicht geschah, vielmehr die allem katholischen Wesen besonders feindseligen Puritaner wachsenden Einfluß im Parlament zu gewinnen schienen, faßte eine kleine Anzahl fanatischer Männer den Plan (1605), König und Parlament durch eine Pulverexplosion in die Luft zu sprengen. Da sie die gute Absicht hatten, durch diese That die katholische Religion in England wiederherzustellen, glaubten sie sich damit keiner Sünde gegen Gott schuldig zu machen. Einzelne Jesuiten wußten durch die Beichte und anderswie um den Plan, hatten abgeraten, aber nicht mit Entschiedenheit, und jedenfalls nichts ernstliches gethan, um den teuflischen Anschlag zu hintertreiben. Durch Zufall wurde er entdeckt, die Verschworenen teils in offenem Kampf getötet, teils hingerichtet, darunter auch zwei Jesuiten, der Superior, Pater Garnett, und Pater Ouldcorne; ein dritter, der Mitschuld verdächtiger, aber nach seiner eigenen Versicherung unschuldiger Jesuit, Pater Gerard, entkam durch die Flucht auf den Kontinent.

Um sich in Zukunft vor Mordanschlägen religiöser Fanatiker zu schützen, forderte König Jakob, nach der Vereitelung der Pulververschwörung, von allen römischen Katholiken einen Treueid, worin die Lehre, daß vom Papst exkommunicierte oder abgesetzte Fürsten von ihren Unterthanen oder anderen vertrieben oder getötet werden dürften, als gottlos und ketzerisch verworfen wurde. Die meisten englischen Katholiken würden gerne durch Leistung dieses Eides Gewissens- und Religionsfreiheit erkauft haben, aber Papst Paul V. verbot wiederholt und aufs strengste den Eid abzulegen und der Jesuit Kardinal Bellarmin unternahm es dieses Verbot theologisch zu begründen. Die Folge der sich Jahre lang hinziehenden Polemik gegen den Treueid war, daß die römischen Katholiken Englands noch fast zweihundert Jahre in ihrer gedrückten Lage bleiben mußten.[58])

Inzwischen war in Frankreich der antimonarchischen Epidemie der Zeit der Ligue eine Reaktion der Verehrung des Königtums gefolgt, welche ihrerseits bald alles Maß überstieg und bis zu förmlicher Vergötterung der Monarchie sich erhob.

Der Professor der Rechte zu Pont-à-Mousson, Wilhelm Barclay, ein Schotte von Geburt, hatte in seiner Streitschrift für das Königtum gegen Buchanan, Junius Brutus und Boucher, denen er den Namen Monarchomachen gab, noch ebenso wie der nicht minder monarchisch gesinnte Johann Bodin die Tötung eines Usurpators für erlaubt erklärt;[59]) bei den allgemeinen Ständen von 1614 hielten die beiden Theorien — die vom Klerus vertretene mittelalterliche, welche nicht über das Konstanzer Dekret gegen den Tyrannenmord hinausgehen wollte, und die im dritten Stand vorherrschende moderne, welche jede Auflehnung gegen das nur von Gott abhängige Königtum, insbesondere auch das päpstliche Absetzungsrecht als gottlos verwarf — einander noch die Wage. Siebzig Jahre später, in den gallikanischen Artikeln von 1682, hatte sich auch der Klerus zu den Anschauungen des dritten Standes bekehrt.[60])

Ihren Höhepunkt erlangte die Lehre von einem besonderen göttlichen Vorrecht des Königtums, welches von vornherein jeden Gedanken an Empörung ausschließt, in dem unter den Augen Ludwigs XIV. für den Dauphin niedergeschriebenen Buch des Bischofs Bossuet von Meaux über die Politik nach den Worten der heiligen Schrift.

Aus derselben Bibel, welcher Johann von Salisbury, Johann Petit, Johann Knox und Johann Boucher ihre Sätze über das Recht des Tyrannenmordes entnommen hatten, zog Bossuet die Lehre, daß man auch einem bösen Fürsten niemals widerstehen dürfe. „Dir allein hab' ich gesündigt", sagt König David, und sein Verhalten gegen Saul, sowie die Bestrafung des Amalekiters, der sich gerühmt hatte, den König Saul getötet zu haben, beweist, daß es niemals gestattet ist, Hand an den Gesalbten des Herrn zu legen. Denn die Königswürde besitzt, nach Bossuet, eine inhärierende Heiligkeit, die durch kein Verbrechen ausgelöscht werden kann. Einigermaßen erträglich wird diese Ueberschätzung der Königswürde nur durch die Wärme, womit Bossuet jedes Willkürregiment des Königs rügt, und durch die hohen sittlichen Aufgaben, welche er dem absoluten Königtum auferlegt, endlich durch das Zugeständnis, daß Gott Empörungen der Unterthanen zwar nicht autorisiere, aber doch zulasse und so ein Verbrechen durch ein anderes strafe, welches er dann auch zu seiner Zeit wieder züchtigt.[60])

Die Wahrheit dieses Ausspruches erfuhr der Urenkel des Sonnenkönigs, da er, selbst schuldlos, aber als ein Sühnopfer für die Sünden der Väter, als ein angeblicher Tyrann sein Haupt am 21. Januar 1793 unter das Fallbeil legen mußte.

Auch in England trieb unter den ersten Königen aus dem Hause Stuart eine starke Strömung der öffentlichen Meinung, besonders innerhalb der bischöflichen Kirche, auf die Proklamierung einer besonderen göttlichen Würde des Königtums hin, stieß dann aber auf den hartnäckigen Widerstand der protestantischen Elemente der Nation, welcher sich auf die Argumente jener Calvinisten des 16. Jahrhunderts, eines Knox und Buchanan, Hotman und Duplessis-Mornay, gründete. Für einige Zeit unterlag mit den monarchischen Ideen die Monarchie selbst, da König Karl I. als ein Tyrann, Verräter, Mörder und öffentlicher Feind am 30. Januar 1649 (a. St.) von den Fenstern seines Schlosses zu Whitehall aus das Blutgerüst bestieg. Sein Tod, obwohl nicht ein Königsmord in dem Sinne, wie wir das Wort hier gebrauchen, sondern ein Justizmord, gab Anlaß, daß noch einmal, wie nach der Bartholomäus-Nacht und nach der Ermordung der französischen Könige Heinrich III. und IV., die Theorie von den Rechten des Volkes gegenüber tyrannischen Königen mit aller Leidenschaft erörtert wurde. Während der in den Niederlanden lebende berühmte französische Philolog Claudius Salmasius für die Unverletzlichkeit des Königtums von Gottes Gnaden schrieb, trat John Milton, nachmals der unsterbliche Dichter des Verlorenen Paradieses, mit der größten Schärfe für die unveräußerliche Souveränität des Volkes ein und für dessen Recht, tyrannische Könige vor sein Gericht zu ziehen und, wenn als Verbrecher befunden, selbst mit dem Tode zu bestrafen.[61])

Wie seine Vorgänger im 16. Jahrhundert beruft sich auch Milton vielfach auf Beispiele des Alten Testamentes: auf Aod, der den Eglon erschlug, auf Jehu und den Hohepriester Jojada, auf Azarias und auf die Machabäer. Dennoch erkennt man wohl, daß diese Citate bei ihm einen anderen Charakter haben, als bei den Bibelgläubigen des 16. Jahrhunderts. Es sind ihm nur Beispiele, neben anderen aus der Profangeschichte, daß die eigentliche Souveränität beim Volke liegt, und daß das Volk das Recht hat, nicht nur tyrannische sondern überhaupt verbrecherische Könige mit dem Tode zu bestrafen.

Milton trägt darum auch kein Bedenken die Könige und Fürsten des Alten Bundes zu tadeln, wenn sie dieser Theorie nicht gemäß handelten, z. B. den König David, weil er den Amalekiter töten ließ, der dem König Saul den Todesstreich hatte geben wollen. Von einer besonderen göttlichen Würde des Königtums will Milton durchaus nichts wissen. Diese Idee hatte sich überhaupt auf englischem Boden ausgelebt. Auch als König Karl II., nach dem kurzen Protektorat Cromwells, auf den Thron gelangt war, und Thomas Hobbes seine Theorie von der absoluten, unverletzlichen Fürstengewalt aufstellte, gründete er sie nicht mehr, wie noch Filmers, auf eine besondere göttliche Anordnung, sondern auf einen bloßen Zweckmäßigkeitsvertrag.

Die letzten Wurzeln eines nicht an die Gesetze des Landes gebundenen Königtums wurden dann in England beseitigt durch jene Erklärung der Rechte, auf Grund deren Wilhelm und Maria von Oranien im Jahre 1688 den englischen Thron bestiegen. Auch das Haus Hannover konnte nicht daran denken, gegenüber der Macht des Parlamentes ein unbeschränktes Recht der Krone geltend zu machen. Mit der Möglichkeit einer Ausartung des Königtums zur Tyrannis hörte aber zugleich auch jeder Anlaß auf, von der Berechtigung des Tyrannenmordes zu sprechen. Zudem fehlten dem für religiöse Erregungen apathisch gewordenen philosophischen 18. Jahrhundert Sinn und Verständnis für die theokratischen und hierarchischen Anschauungen, welche im Mittelalter und im Zeitalter der Religionskriege die bleibende Basis der Lehre vom Tyrannenmord gebildet hatten. An Stelle der Theokratie trat John Lockes philosophisches System eines Gesellschaftsvertrags, gemäß welchem die Exekutivgewalt jederzeit der gesetzgebenden des Volkes untergeordnet bleibt, und der Unterthan nur zu einem durch Gesetze geregelten, verfassungsmäßigen Gehorsam verpflichtet ist.

Viel langsamer verschafften sich ähnliche politische Ideen auf dem Kontinent allgemeine Anerkennung; hier beherrschten noch fast ein Jahrhundert lang die Lehren des großen Begründers des Natur- und Völkerrechts, Hugo Grotius, die Anschauungen der gebildeten Welt. Grotius verwirft in seinem zu klassischem Ansehen gelangten Werk vom Rechte des Kriegs und des Friedens jeden aktiven Widerstand gegen Gebote der rechtmäßigen Obrigkeit; auch das von seinen protestantischen Vorgängern ausgedachte System eines besonderen Widerstandsrechtes der niederen Obrigkeiten gegen die souveräne Staatsgewalt weist er überzeugend als logisch unhaltbar nach.

Nur da, wo die Verfassung eines Staates den Einzelnen ausdrücklich zur bewaffneten Auflehnung gegen die Tyrannis ermächtigt, — wie dieß zum Beispiel in den griechischen Freistaaten der Fall war — kann auch der Tyrannenmord gestattet sein. Sonst aber ist bewaffneter Widerstand der Unterthanen gegen den Fürsten nur in dem fast undenkbaren Fall zulässig, daß der Fürst sich selbst als offenen Feind seines Volkes erklärt, oder wenn er etwa sein Reich veräußern wollte; denn darin läge eine förmliche Abdankung des Regenten. Aber auch in diesen Fällen muß die geheiligte Person des Fürsten geschont werden.

Dem fremden Eindringling darf man mit den Waffen begegnen, solange der offene Krieg dauert und soweit dadurch nicht die Wohlfahrt des Gemeinwesens selbst gefährdet wird.

Einige von den Kommentatoren des Grotius, besonders Niederländer, wie Gronov und Van der Muelen, wollten die Grenzen des Widerstandsrechtes der Unterthanen nicht so enge gezogen sehen, wie der Meister; insbesondere forderten sie für die Unterthanen das Recht, gegen Gewissenszwang sich aufzulehnen. Schien doch das

System des Grotius die rechtliche Grundlage der niederländischen Republik selbst in Frage zu stellen.⁶²)

Johann Althusius, der ältere Zeitgenosse des Grotius, und seine Schule blieben im allgemeinen der von den reformierten Politikern des 16. Jahrhunderts, namentlich in den Vindiciae contra tyrannos, aufgestellten Theorie von einem Vertrag zwischen dem souveränen Volk und dem Regenten treu, mit der schulmäßigen Unterscheidung der Tyrannen in Usurpatoren und rechtmäßige, aber ihre Gewalt mißbrauchende Fürsten, von denen jene durch jeden Privaten, diese nur durch das Volk und seine gesetzmäßigen Vertreter beseitigt oder getötet werden dürfen.

Auch die große Schaar der Lehrer des Staats- und Naturrechts im deutschen Reich von Anfang des 17. bis um die Mitte des 18. Jahrhunderts kam über die Theorien einerseits von Althusius, anderseits von Hugo Grotius nicht wesentlich hinaus.⁶³)

Dann aber verhalf Montesquieu mit seinem „Geist der Gesetze" den in England erprobten Lehren von der Dreiteilung der staatlichen Gewalten in die gesetzgebende, die richterliche und die ausführende, und von dem hierauf sich gründenden bloß verfassungsmäßigen Gehorsam der Unterthanen auch auf dem Kontinent zum Sieg und verbannte die ganze Theorie vom doppelten Tyrannen und vom Tyrannenmord in die Rumpelkammer der Anschauungen des verachteten Mittelalters.

Eine zeitweilige Wiederbelebung erfuhr die Lehre vom Tyrannenmord in der französischen Revolution, nicht aber im theokratischhierarchischen Geiste des Mittelalters und der Reformationszeit, sondern lediglich auf Grund römisch-republikanischer Tendenzen. Es sind die Phrasen und das hohle Pathos der römischen Kaiserzeit, womit zuerst die Encyklopädisten gegen Tyrannei und Tyrannen, das heißt gegen das absolute Königtum, loszogen, welche dann aber auch von den Girondisten und Jakobinern im Munde geführt wurden, als sie den König Ludwig XVI. dem Schaffot überlieferten, und ebenso von Charlotte Corday, als sie dem Ungeheuer Marat das Messer in den Leib stieß.[64])

Und wo stehen wir heute, gerade hundert Jahre nach den Gräueln der französischen Revolution? Hat nicht unser Jahrhundert mehr Attentate auf Könige und Regenten gesehen, als die meisten anderen der christlichen Zeitrechnung? Und ist nicht gerade in jüngster Zeit ein Geist wilder Mordlust erwacht, der nicht mehr ein einzelnes gekröntes Haupt sich als Opfer aussucht, sondern fast ziel- und wahllos alles zu vernichten strebt, was an Erhaltung der bestehenden Ordnung im Staat und im socialen Leben irgendwie beteiligt erscheint? Müssen wir nicht befürchten, vor einer neuen Verwirrung der sittlichen Begriffe zu stehn, vor einem Umsturz aller Grundsätze nicht nur der christlichen, sondern auch der natürlichen Ethik?

Mir scheint solche Besorgnis nicht gerechtfertigt. Es ist wahr, Verbrechen gegen das Menschenleben sind zahlreich geworden in unserer Zeit. Aber von der großen Masse der gesitteten Menschheit, Ungebildeten wie Gebildeten, werden sie entweder als Verbrechen betrachtet und demgemäß bestraft, oder, wenn als Zeichen geistiger Störung angesehen und demnach milder beurteilt, doch so weit als möglich verhütet und unschädlich gemacht. Versuche, mit Gründen, sei es des vernünftigen Denkens, sei es der christlichen Lehre, solche Mordthaten zu rechtfertigen, werden kaum unternommen.

Aber eine wichtige geschichtliche Thatsache scheint mir freilich durch jene Unthaten neu bestätigt zu werden, mag man sie nun als reine Verbrechen oder als Symptome geistiger Störung ansehen: — es gibt keine fortschreitende Entwicklung der Menschheit in dem Sinne, daß der Einzelne, das Durchschnitts-Individuum, von selbst, das heißt von Geburt an, auf eine höhere geistige und sittliche Stufe zu stehen käme, als seine Vorfahren. Jeder Mensch ist heute noch den gleichen natürlichen Schwächen und Leidenschaften unterworfen, christlich ausgedrückt gleich sündhaft, wie vor dreihundert, vor tausend, vor dreitausend Jahren.

Der Fortschritt der Menschheit, an den auch der Geschichtsforscher glaubt, besteht nur darin, daß mehr und mehr die Ideen geläutert und die Institutionen verbessert werden, nach welchen und in welchen das Kind, der Jüngling, der Mann in Familie, Kirche und Staat erzogen wird.

Gelingt es, das heranwachsende Geschlecht auch fernerhin in der Idee eines nur durch die Rechte der Anderen beschränkten Rechtes auf menschenwürdige Existenz und auf den freien Gebrauch der geistigen und sittlichen Kräfte zu erziehen, und daneben jene staatlichen und socialen Institutionen zu erhalten, welche die sittliche Freiheit des Individuums vor dem religiösen und politischen Fanatismus der rohen Masse schützen, so sind wir sicher vor einem Rückfall in Vorstellungen, wie die, welche zur Lehre vom Tyrannenmord geführt haben.

Anmerkungen.

1) Matth. 5, 21 f. 44. 39 u. Lukas 6, 27 ff. — Joh. 19, 11. — Röm. 13, 1 f. — I. Petr. 2, 13 f.

2) Ap.-Gesch. 4, 19 f. — I. Kor. 7, 21 ff.

3) Bossuets Behauptung von den Königen (Politique tirée des propres paroles de l'Ecriture sainte. Livre 4, Art. 1 : il n'y a que Dieu qui puisse juger de leurs jugements et de leurs personnes, und der Satz der französischen Konstitution von 1793 § 35 : quand le gouvernement viole les droits du peuple, l'insurrection est pour le peuple et pour chaque portion du peuple, le plus sacré et le plus indispensable des devoirs, — diese schärfsten inneren Gegensätze liegen zeitlich kaum ein Jahrhundert auseinander.

4) Q. S. F. Tertulliani Liber apologeticus, geschrieben um das Jahr 200, besonders Cap. 30 — 38 und 45. Die consuetudo veterum Christianorum wird von Hugo Grotius (De jure belli ac pacis lib. I cap. 4 § 5) als optima legis Domini interpres gerühmt, während Grotius' Kommentator Guil. van der Muelen diesen Satz nur mit starker Einschränkung gelten lassen will.

5) Luciferi Calaritani opuscula. Recens. Guil. Hartel. Vindob. 1886 (Corp. script. eccl. lat. Vol. 14). Die angeführten und eine Menge nicht minder starker Stellen in der Schrift De non parcendo in deum delinquentibus, bei Hartel p. 209—283; ähnliche auch schon in De Regibus apostaticis. H. p. 35—65. — Vgl. Gustav Krüger, Lucifer Bischof von Calaris. Leipz. 1886.

6) Sancti Aurelii Augustini op. de civitate Dei lib. I c. 17 u. 21. V, 19 u. 21.

7) De civit. Dei lib. I c. 26 : videat utrum divina iussio nullo nutet incerto. Lib. XX, 4 über den Vorzug der Zeugnisse des neuen Bundes vor denen des alten. — Ueber die Tötung des Aegypters August. c. Faustum, lib. 22. c. 70 (Migne 42, 444): uterque enim (sc. Petrus cum evaginato gladio, volens defendere Dominum, aurem persecutoris abscidit, et Moyses, cum percussit Aegyptium) non detestabili immanitate, sed emendabili animositate iustitiae regulam excessit; uterque odio improbitatis alienae, sed ille fraterno, iste dominico, licet adhuc carnali, tamen amore peccavit. Diese Stelle wurde in dem nachher zu erwähnenden Streit über die Rede des Dr. Johann Parvus, zur Zeit des Konstanzer Konzils, oft angerufen.

8) Stellen bei Gieseler, Lehrbuch d. K.-G. II, 1 (4. Aufl.) S. 194 f. und 198 f. Vgl. Paul Janet, Hist. de la science politique dans ses rapports avec la morale. 3. éd. Paris 1887. I. 331.

9) Döllinger-Friedrich, Das Papstthum. München 1892. S. 58/65 und dazu besonders die Noten 82. 83. 91. 98. 101 zum 2. Kapitel und Note 62 zum 3. Kapitel.

10) Hugonis Floriacensis tractatus de regia potestate et sacerdotali dignitate bei Baluze-Mansi, Miscellanea. Tom. II. 1761 p. 184 ss. Vgl. Hist. littéraire de la France. Tom. X. Paris 1756 p. 285 ss.

11) Joannis Saresberiensis Opera omnia coll. J. A. Giles. Oxonii 1848. Vol. III u. IV Polycraticus, besonders lib. III cap. 15, lib. IV c. 1 bis 3, lib. VIII c. 17 bis 21. Vgl. Schaarschmidt, Joannes Saresberiensis. Leipzig 1862.

12) Aber ein Hysteron proteron ist es, wenn Ch. Jourdain, La philosophie de Saint Thomas d'Aquin. Paris 1858 L. 1 sect. 3 ch. 6 sagt: Dans la querelle de Thomas Becket et de Henri II, Jean de S. avait figuré parmi les plus fidèles partisans de l'archévêque de Cantorbéry: sa politique déclamatoire et violente est le reflet de ses colères contre la licence et les crimes de la royauté normande.

13) Giraldi Cambrensis Opera. Vol. VIII. De Principis instructione liber ed. George F. Warner. London 1891. Dist. I, cap. 16 und 17 und Dist. III, cap. 27. 30/31, z. B. p. 75: Plures in insula Britannica vel arcuum jaculis vel balistarum spiculis aut hostilibus etiam oppressionibus quam aliis modis interire. Juxta illud poetae (scil. Juven. Sat. X, 112)
Ad generum Cereris sine caede et sanguine pauci
Descendunt reges et sicca morte tyranni.
Der Herausgeber bemerkt (p. LIII) über den Haß des Giraldus gegen König Heinrich II. und dessen Söhne: His heart was in Wales, and his hatred for the Norman and Angevin kings was only equalled by his contempt for the people over whom they tyrannised.

14) Raumer, Gesch. der Hohenstaufen. 2. Aufl. II, 664 f.

15) Cui cum objiceretur, quod latrocinium et crimen lese Majestatis commiserit verum dominum suum occidendo, respondit: quod non dominum sed malefactorem occiderit qui manus suas cruentas miserit in dominum suum verum et proprium, regem Adolfum interimendo innocentem — läßt Johann von Winterthur den Herrn Rudolf von Wart, einen der Mitverschworenen des Herzogs Johann, sagen, in der Ausg. von G. v. Wyß aus dem Archiv f. schweizer. Gesch. Bd. 11 und 12. Zürich 1856 S. 46 f.

16) Summa theol. 2, 2. quaest. 42. 2. 3 u. quaest. 64. art. 7 (D. Thomae Aquinatis Opera. Ed. 2ª Veneta. 4°. Tom. 22).

17) De regimine principum ad regem Cypri, in den eben cit. Opera tom. 19, mit der Vorrede des Fr. de Rubeis, worin im Anschluß an Echard die Echtheit des ersten Buches und des Anfangs des zweiten nachgewiesen wird; s. lib. I. cap. 3. 6 und 10. Cap. 10 findet sich übrigens eine, wie es scheint, selten citierte Stelle, welche, ähnlich der nachher erwähnten im Kommentar zum Mag. Sententiarum, für die Zulässigkeit des Tyrannenmordes gedeutet werden könnte: fortassis autem nec fidelitati contrarium reputabitur secundum opinionem multorum, si tyrannicae nequitiae qualitercumque obvietur. Die übrigen Stellen dieses Kapitels heben nur die Thatsache hervor, daß eine Tyrannenherrschaft regelmäßig von kurzer Dauer ist.

18) Scriptum in secundum Sententiarum librum. Dist. 44. quaest. 2. 2. 5. (Op. tom. X): tunc enim qui ad liberationem patriae tyrannum occidit, laudatur et praemium accipit.

19) Vgl. besonders Eusebio Erauiste (Gianvicenzo Patuzzi), Lettere apologetiche ovvero difesa della dottrina dell' Angelico Dottore .... sulla materia del Tirannicidio. Venezia 1763, und Jourdain an der in Anm. 12 angeführten Stelle. Das von neueren Autoren über Verdienst gerühmte dreibändige Werk des spanischen Dominikaners Franc. Zeferino Gonzalez (übersetzt von Nolte, Die Philosophie des hl. Thomas von Aquin. Regensburg 1885) entlehnt sein Urteil über die Politik des Heiligen gutenteils dem Buch von Jourdain, ohne jedoch diesen, soviel ich bemerkt habe, zu nennen. — Neueste Polemik über die Lehre des hl. Thomas vom Tyrannenmord zwischen dem Eichstätter Professor Jos. Schlecht und dem P. Bernh. Duhr S. J. im Hist. Jahrb. der Görres-Ges. 1892 Heft 3. — Einen bequemen Auszug der politischen Ansichten des Heiligen gibt J. J. Baumann, Die Staatslehre des hl. Thomas von Aquino. Leipzig 1873.

20) Nogaret beansprucht in seiner Anklageschrift vom Jahre 1310 gegen Papst Bonifaz VIII. (bei Dupuy, Hist. du différend d'entre le pape Boniface VIII et Philippes le Bel, roy de France. Paris 1655. 2°. p. 386) das Recht gewaltsamer Notwehr für jeden einzelnen Katholiken auch gegen den Papst und fügt dann bei: Practerea, Pater sancte. ego G. de Nogareto etiam contra patrem patriam impugnantem poteram et debebam procedere, et si patrem patriam meam impugnantem occidissem, me sine scelere esse omnes statuere maiores. — Boccaccio hat in seinem Buch Joa. Bocatii ... de casibus virorum ill. libri novem. Studio et op. Hier. Zieglcri Rotenburg. Aug. Vind. 1544 2°. lib. II cap. 5 (p. 36 ss.) ein eigenes Kapitel in superbos, d. i. gegen die Tyrannen. Darin z. B. folgende Sätze: Hostis est (scil. tyrannus), in hunc coniurare, arma capessere, insidias tendere, vires opponere magnanimi est, sanctissimum est, et omnino necessarium. Cum nulla fere deo sit acceptior hostia tyranni sanguine. ... Et regum vita, quantumcunque satellitum praesidio vallata est, aestimari non potest, quam is velit, qui pro morte eius suam vitam effundere dispositurus est.

21) Vgl. die Bemerkungen von Marchal in seiner Ausgabe von M. de Barante, Hist. des ducs de Bourgogne. Tom. III. 1839. p. 275 ss.

22) Multa in omnibus nationibus negliguntur crimina, praesertim si patroni adsint fucata ratione fallaces viri Theologi, quorum quanta saepe sit libertas pronunciandi, quanta quibusdam cupiditas populo placendi scimus omnes: et est miserum negare non posse, quod pudet confiteri, quae magna est nostri ordinis calamitas, nihil esse tam absonum, quod a Theologo aliquo non defendatur — bemerkt der spanische Jesuit Mariana in seiner Abhandlung de spectaculis. Joannis Marianae e Soc. J. tractatus VII. Col. Agr. 1609. 2° p. 180.

23) Dieser Vorwurf wurde z. B. bei den allgemeinen Ständen von 1614 von Vertretern des dritten Standes gegen das Konstanzer Dekret erhoben, s. F.-T. Perrens, L'église et l'état en France sous Henri IV et Marie de Médicis. Paris 1872. Livre 6 chap. 2 (tom. II p. 238 ss.)

24) Die beste Darstellung der Kontroverse über die Ermordung des Herzogs von Orleans und Dr. Petits Verteidigung des Herzogs Johann von Burgund — mit sorgfältiger Ausbeutung der von Ellies Dupin in Joannis Gersonii Opera omnia

tom. II und V. Antwerpiae (d. i. Amsterdam) 1706, 2º gedruckten Streitschriften — noch heute in der vortrefflichen Monographie von J. B. Schwab, Johannes Gerson. Würzburg 1858. Hefele, Conciliengeschichte. Bd. 7 (1869 bis 1874), Tschackert, Peter von Ailli. Gotha 1877 und Bernh. Bess, Studien zur Gesch. des Konstanzer Konzils. 1. Bd. Marburg 1891 haben hierüber nichts neues oder besseres gebracht.
— Ueber den noch im vorigen Jahrhundert von dem Wittenberger Professor der Rechte Augustin Leyser unternommenen Versuch, Petits Lehre gegen die Verleumdung dreier Jahrhunderte zu rechtfertigen, s. Schwab 643 f.

25) Discorsi di N. M. sopra la prima deca di T. Livio l. III cap. 6. Delle congiure. Vgl. Jac. Burckhardt. Die Cultur der Renaissance in Italien. 2. Aufl. Leipzig 1869. 1. Abschnitt, besonders S. 44 ff. und S. 412 f. 4. Aufl. in 2 Bänden, besorgt von Ludw. Geiger. 1885. Bd. I S. 55/61. 133/5. u. Bd. II S. 294 f.

26) Bossuet, Défense de l'hist. des variations contre M. Basnage. No. 41, mit Hinweis auf seine Histoire des Variations l. VIII No. 1. 2. Hergenröther, Kathol. Kirche u. christl. Staat. Freiburg 1872 S. 490 f. Janssen, Gesch. des d. Volkes. Bd. 5 (1886) S. 536 f. Duhr, S. J., Jesuiten-Fabeln. Freib. 1891 S. 369. — Für Luther vgl. damit Köstlin, Martin Luther. (3. Aufl.) Elberfeld 1883. Bd. I. 324 f. 512. 618 f. II. 9 f. 186 ff. 256 f., für Melanchthon Johann Huber, Der Jesuiten-Orden. Berlin 1873. S. 269 f.

27) Kampschulte, Johann Calvin. Leipzig 1869. S. 272 ff. Vgl. Marcks, Gaspar v. Coligny. 1, 1. 1892. S. 290 ff. Bei Janssen a. O. S. 537 f. wird, wie so oft, durch übermäßige Betonung einzelner, in seine Tendenz passender Ausdrücke, der Gesammteindruck gefälscht.

28) Vgl. die (von den Magdeburger Theologen 1552 herausgegebene?) Schrift „einer hohen fürstlichen Person" bei Frid. Hortleder, Handlungen und Ausschreiben von Ursachen . . . des teutschen Krieges. 2. Aufl. 1645. Bd. II S. 206 und das Bekenntnis der Magdeburger Pfarrer vom 13. April 1550, ebenda S. 1053 ff. (besonders S. 1081). Eine ausführliche Rechtfertigung des Tyrannenmordes enthalten diese Flugschriften noch nicht, doch weist die Berufung auf Muster des Alten Bundes, Othniel und Aod (Judic. c. II) und die Machabäer, bereits in diese Richtung. — Ueber die spätere Verwertung dieser Flugschriften in den antimonarchischen Schriften der französischen Hugenotten s. meine Abhandlung über die sog. Magdeburger Schrift in den Sitzungsber. der Münch. Ak. I. u. III. Kl. 1887. Heft 2. S. 242.

29) Ich kenne Poynets Schrift nur aus den Mitteilungen von Hallam, Introduction to the Literature of Europe. Vol. II. ch. 4. II. selbst scheint ebenfalls aus zweiter Hand zu schöpfen. Auch Goodmans fanatische Flugschriften waren mir nicht zugänglich; ich benutzte Wood, Athenae Oxon. Ed. by Bliss. London 1813 ss. 4°. I, 721.

30) Mignet, Hist. de Marie Stuart. Paris 1851. ch. 2 p. 67, ch. 3 p. 123 ss., ch. 4 p. 237 ss. Vgl. Bossuet, Défense l. c. No. 40.

31) Hist. ecclés. des Églises reformées au royaume de France. Ed. nouv. par Baum, Cunitz et Reuss. 4°. Tom. II. 1884. I. p. 162 ss.

32) Die Quellenangaben über die Verschwörung des Ridolfi gegen Königin Elisabeth hat Lord Acton in einem Brief an die „Times" vom 21. November 1874 zusammengestellt; s. meine Uebersetzung von Gladstones Flugschrift „Die vatikanischen Dekrete". Nördlingen 1875 S. 81 ff. (vgl. 62 f.) und Döllinger-Reusch, Die Selbstbiographie des Cardinals Bellarmin. Bonn 1887. S. 306 ff.

33) Au lieu des règles d'équité et d'humanité que recommanda le chancelier de l'Hôpital, ce qui prévalut dans les conseils de la couronne, ce fut la sagesse du Prince de Machiavel, importée des cours italiennes. L'Hôpital mourut de douleur, après avoir vu l'effroyable couronnement de cette politique, le grand crime du siècle et un crime de la royauté — schreibt Augustin Thierry in seinem schönen Essai sur l'histoire du Tiers Etat. 2. Ed. Paris 1853 p. 142 über die Blutthat der Bartholomäus-Nacht.

34) Die 1. Aufl. von Hotmans Franco-Gallia erschien zu Genf 1573. Editio tertia locupletior 1576. Vgl. meine Abhandlung über Aggäus Albada und den Kölner Pacificationscongreß vom Jahre 1579 in Raumer-Riehl, Histor. Taschenbuch. V, 6. 1876. S. 302 und die dort angeführte Literatur; ferner Rod. Dareste, Essai sur François Hotman. Paris 1850. Hotman tritt übrigens nicht ausdrücklich für die Berechtigung des Tyrannenmordes ein, sondern nur für das Recht bewaffneten Widerstandes der Stände gegen Tyrannengewalt (p. 214).

35) De iure regni apud Scotos, dialogus, authore Georgio Buchanano Scoto. Edinburgi 1579, dem jungen König Jakob VI. gewidmet. Hier wird das Recht des Tyrannenmordes offen behauptet und mit Beispielen schottischer tyrannischer Könige, z. B. Jakobs III., erläutert, quorum cum vel filii vel propinqui in eorum locum assumerentur, nulla unquam quaestio adversus interfectorem decreta fuit (p. 61). — Nos contendimus populum, a quo reges nostri habent quicquid iuris sibi vendicant, regibus esse potentiorem, iusque idem in eos habere multitudinem, quod illi in singulos e multitudine habent (p. 80). Kurz vorher geht die Bemerkung: Deus malum e medio tolli iubet, neque ordinem aut sexum aut conditionem, ac ne hominem quidem excipit. — Sodann p. 97: Tyrannus non modo non iustum habet imperium in populum, sed etiam populi hostis est... Cum hoste ob graves et intolerabiles iniurias est iustum bellum.... Bello autem cum hoste iusta de causa semel suscepto ius est non modo universo populo, sed singulis etiam hostem interimere. Am Schluß steht dann noch die Bemerkung, wenn der Apostel Paulus im Korintherbrief (I. Kor. 5) verbiete, mit offenen Verbrechern Umgang zu pflegen, gelte das auch für Könige. Igitur Ecclesia, quae multo leviora crimina morte punienda censet, quem vivum ex coetu bonorum expellit, mortuum in coetum cacodaemonum relegat, non cum morte dignum existimabit? — Der Züricher Prediger Rudolf Walter (Zurich letters. II. No. 130 p. 192) spricht in einem Brief an Buchanan vom 8. März 1580 seine und seiner Kollegen Zustimmung zu den in dessen Büchlein ausgesprochenen Lehren über die Königsgewalt aus: et utinam quod in eo bene et pie dicis, omnibus regibus persuaderi posset! Dagegen ließen B's katholische Landsleute, Adam Blacwood, königl. Rat am Gerichtshof von Poitou, Dr. Ninianus Winzetus, Schottenabt zu Regensburg, später auch noch Wilhelm Barclay, Professor der Jurisprudenz an der lothringischen Universität Pont-à-Mousson, eigene Bücher gegen das gefährliche Schriftchen erscheinen, worin sie sich mehr oder minder scharf gegen die darin enthaltenen Lehren von der Volkssouveränität und vom Tyrannenmord aussprachen. — Adversus Georgii Buchanani dialogum, de iure regni apud Scotos, pro regibus apologia. Per Adamum Blacvodaeum Senatorem apud Pictavos. Pictavis 1581. 4°, der Königin Maria Stuart und ihrem Sohn Jakob VI. gewidmet, wieder abgedruckt in Adami Blacvodaci Opera omnia. Par. 1644, 4°. Ninianus Winzetus Renfroo, S. theologiae D., Velitatio in Georgium Buchananum circa dialogum, quem scripsit de

iure regni apud Scotos. Ingolstadii 1582, als Beiband zu W's. Buch Flagellum Sectariorum, qui religionis praetextu seditiones iam in Caesarem, aut in alios orthodoxos principes excitare student. — Guilelmi Barclaii ... de regno et regali potestate adv. Buchananum, Brutum, Boucherium, et reliquos monarchomachos libri sex. Parisiis 1600. 4º gedruckt, aber, nach der Angabe des Autors, zum Teil ebenfalls schon um das Jahr 1581 geschrieben.

36) Ueber die Abhandlung Du droit des magistrats sur leurs subiets (De iure magistratuum in subditos) und die Vindiciae contra tyrannos des angeblichen Stephanus Junius Brutus s. meine in Anm. 28 angeführte akademische Untersuchung. Meinem Nachweis, daß nicht Hubert Languet, sondern Philipp Du Plessis-Mornay der Verfasser der Vindiciae contra tyrannos ist, hat seitdem auch Waddington in zwei Artikeln der Revue historique, T. 42. 1890 u. T. 51. 1893, beigestimmt und ihn mit weiteren Gründen gestützt; auch G. Weill, Les théories sur le pouvoir royal en France pendant les guerres de religion. Paris 1892, schließt sich ihm an. Viel früher (1852) war die gleiche Ansicht von H. C. A. Thieme in einer mir erst durch Waddington bekannt gewordenen Groninger juristischen Doctordissertation als wahrscheinlich bezeichnet worden; nur hält Thieme, gegen Hugo Grotius, noch an der Meinung fest, Languet habe wenigstens die Vorrede zu den Vind. verfaßt.

37) Chose curieuse et triste que, parmi les publicistes de cette époque, il n'y en ait pas un, même celui qui mérite le nom de moraliste autant que de politique (d. i. Bodin), qui ne prêche ou n'approuve le tyrannicide, bemerkt Henri Baudrillart, J. Bodin et son temps. Paris 1853. p. 294, macht dann aber mit Recht einen starken Unterschied zwischen Bodin und den protestantischen und katholischen Fanatikern der Religionskriege : Le tyran n'est pas pour eux un être de raison, son portrait est vivant; il ne s'agit plus d'une controverse toute spéculative, mais d'une victime clairement désignée aux poignards des fanatiques. ... On peut dire, ... contre l'opinion généralement adoptée, que Bodin est un adversaire très-déclaré du régicide, bien loin qu'il en fasse l'apologie. Quant au tyrannicide limité aux usurpateurs, s'il le croit permis, il met beaucoup moins de chaleur à soutenir une telle opinion qu'à flétrir l'abus qui pourrait en être fait par les partis. — Vgl. meine o. Anm. 34 cit. Abhandlung im Hist. Taschenbuch 1876 S. 306 f

38) La Ligue n'était autre chose qu'une insurrection contre la royauté dans le sens orthodoxe, comme les guerres du calvinisme étaient une insurrection dans le sens hérétique, — bemerkt Ch. Labitte in der Einleitung zu seinem vortrefflichen Buch De la démocratie chez les prédicateurs de la Ligue. Paris 1841; ähnlich Dareste in seinem Anm. 34 cit. Essay über Hotman: Rien n'est plus curieux que de voir la Ligue réduite à soutenir, à l'endroit de la royauté et de la succession au trône, précisement les mêmes opinions séditieuses et anarchiques que Matturel et Masson prétendaient trouver dans la Gaule franque d'Hotman. Und schon Hugo Grotius (Votum pro pace ecclesiastica contra examen Andr. Riveti. 1642 p. 63) hatte über den Tausch der Rollen zwischen den reformierten und den römisch-katholischen Fanatikern bemerkt: Boucherii liber totus consutus est ex dictis Junii Bruti, Buchanani, Hottomanni.

39) Notizen aus Ficklers Schrift De iure magistratuum in subditos. Ingolst. 1578 in meiner Anm. 28 und 36 cit. akadem. Abhandlung S. 244 ff. Winzetus

(a. O. p. 276) zeigt sich mit Ficklers Umarbeitung der calvinischen Schrift nicht durchaus einverstanden: Laudare minime possum . . . quod doctus quidem alioqui atque pius nostrae quidam communionis vir (qui de Ecclesia his annis in edenda nobis Theologia juridica optime est meritus), dum librum illum repurgasse se ab erroribus testatur, tam molli brachio hunc adversarii locum attigerit — die Stelle nämlich, wo der calvinische Autor aus 4 Beispielen des Alten Testamentes, d. i. des Königs David, der Stadt Lobna, des Hohenpriesters Jojada, des Königs Amasias, beweisen will, jus populo esse in regem, cum officium non praestat, animadvertendi. — Neque dubito cum pensiculatius animadverterit, quin diligentius multo limam denuo sit adhibiturus. Das Buch des Schottenabtes ist von demselben Jesuiten P. Valentia tanquam catholicum, pium et cruditum censiert, welcher auch für Ficklers Buch die Druckerlaubnis erteilt hatte.

40) Ueber die Schriften des Bischofs Cunerus Petri, des Joh. Lensaeus und des Cornelius Loos (Callidius) s. meine Anm. 31 u. 37 cit. Abhandlung im Hist. Taschenbuch. 1876 S. 323 ff. In D. Joannis Molani ... libri quinque de fide haereticis servanda etc. Coloniae 1584. 8° unter anderm folgende Sätze: p. 55 quod vero cum quem publica promulgatio publicum hostem denunciavit, unusquisque dare possit internecioni, hoc intelligendum est de uno quoque qui contra hostem ius belli habet, ut etiam pagani cognoverunt. Versuch, seine Ansichten mit denen Ficklers zu vereinbaren, in Lib. IV de fide rebellibus servanda cap. 5 u. 12. Auch Molanus betrachtet hier die vier aus der calvinischen Schrift De iure magistratuum entlehnten Beispiele des Alten Bundes als maßgebend für das aus dem gegenseitigen Vertrag abgeleitete Recht der Unterthanen vertragsbrüchige Fürsten abzusetzen (und zu töten). Auch in Lib. V. Cap. 1 De iuramento quod a tyranno exigitur schließt sich Molanus mehrfach den Ficklerschen Sätzen an, in Cap. 6 aber wieder der Ausführung des heiligen Thomas in dessen Schrift de regimine principum: cum publica negotia a nemine privata authoritate tractari possint. In Cap. 7 schreibt er, mit Berufung auf Cicero de off. lib. I.: non cuilibet subdito potestas datur hostem tollendi de medio, sed illis tantum qui militiae asscribuntur et sacramento militari astringuntur, nisi generali edicto quilibet subditus legitime ad hoc authorizetur. In Cap. 8 bezeichnet er dann als unicus casus in quo liceat sine publica authoritate tyrannum occidere, mit dem hl. Thomas im Kommentar zum Mag. sententiarum, jenen: quando ad superiorem recursus non habetur, et respublica non nisi per eius mortem liberari potest. In Cap. 9 erklärt er endlich, daß er zwar für seine Person am liebsten dem hl. Gregorius beipflichte, der seine Hand von Anschlägen gegen die Lombarden freihielt, aber doch auch nicht dem, mit seiner eigenen Autorität, als Censor, publicierten Buch des Lensaeus widersprechen wolle, der auch Geistlichen die Tötung eines Feindes des Vaterlandes gestatte.

41) Ueber die Mordanschläge des Jaureguy, des Basa und des Salseda und anderer, endlich des Balthasar Gérard gegen Oranien s. Motley, The rise of the Dutch republic. Part VI. chap. 5—7.

42) Laevini Torrentii Ep. Antverp. poemata sacra. Antv. 1594. 8". p. 308
In laudem Baltasaris Gerardi. fortissimi tyrannicidae.

Vicisti, ò ingens Sequanicae decus
Perenne gentis, maxime Baltasar
Gerarde, vicisti, nec ullo
Inferior tua laus triumpho est.

Tot functis olim namque laboribus
Quid tam notandum praestitit Hercules?
Maiore quam portenta fructu
Mortiferi pereunt tyranni. . . . . . .

Nec qui tyrannum sustulerit reum
Sontemque duci convenit, at pium
Sanctumque consecrare fastis
Cum titulo patriae parentis . . . .

Auch in einem Briefe an Fonck vom 5. August 1584 nennt Torrentius den Mörder tyrannicidam quavis laude maiorem, und meint, nach Erwähnung der unmenschlichen Grausamkeit, womit derselbe hingerichtet wurde, quod supplicii huius viri fortissimi immanitas eum faciet apud posteros clariorem, et quae nostra firma ac certa religio est, credere debemus, tam apud superos hoc illi prodesse ad honorem atque gloriam quam nocere apud inferos occiso ad cruciatum ac poenam. Compterendu de la Commission R. d'histoire. III, 2. Bruxelles 1861.

43) Ranke, Französ. Gesch. 2. Aufl. 1856. I. 457 bemerkt bei Besprechung der Ermordung des Herzogs Heinrich von Guise auf Befehl des Königs Heinrich III.: „Das Schicksal Martinuzzis, Escovedos und Anderer scheint eine Theorie des Jahrhunderts vorauszusetzen zu lassen, nach der souveränen Häuptern Dinge dieser Art erlaubt waren". Zur Bestätigung dieser zutreffenden Bemerkung verweise ich auf folgende Worte, mit welchen der spanische Gesandte am Hofe Kaiser Maximilians II., Chantonay, in einem Gespräch mit dem Kaiser die Hinrichtung der Grafen Egmont und Hoorn zu rechtfertigen suchte : que el rey por ello no podia ser castigado ni reprendido de otro que de Dios, aunque los matara ó hiciera matar sin proceso. Schr. Ch.'s an Herzog Alba vom 25. September 1568 in Coleccion de docum. ined. T. 37 p. 443.

44) Siehe besonders die von dem englischen Oratorianer Thomas Francis Knox, The letters and memorials of William Cardinal Allen (1532—1594). London 1882. 4°. No. 254 bis 271 und No. 232, und zum Teil wieder bei Joh. Kretzschmar, Die Invasionsprojekte der kath. Mächte gegen England. Leipzig 1892, abgedruckten Aktenstücke aus dem vatikanischen Archiv. Interessant, wiewohl sachlich unrichtig, ist die Art, wie Knox in seiner historischen Einleitung p. 48 f. die Teilnahme von Männern, wie der päpstliche Nuntius, die Herzoge von Guise und Mayenne, König Philipp II., vielleicht Papst Gregor XIII. selbst, an diesen Mordanschlägen mit der Gefangenhaltung der Maria Stuart zu erklären und damit zu entschuldigen glaubt. Er meint, dieselben hätten eine solche Teilnahme so wenig als Sünde angesehen, wie heute ein von Räubern Gefangener die für seine Befreiung verübte Tötung des Räuberhauptmanns. Vgl. Reusch, Beiträge zur Gesch. des Jesuitenordens. München 1894, S. 260 ff. Daß man auf spanischer Seite das politische Verhalten der Königin Elisabeth, abgesehen von ihrer Begünstigung der Häresie, also insbesondere auch ihr Benehmen gegen Maria Stuart, nicht als ein unsühnbares Verbrechen ansah, beweist folgende Aeußerung des spanischen Orators in Rom, Graf Olivares, in einem Brief an König Philipp vom 25. Februar 1586 (bei Knox a. O. S. 259): que no ha

hecho la Reyna de Inglaterra offensa que no sele pueda muy bien perdonar la hora que sea instrumento de reduzir aquellas islas (zur Obedienz gegen den römischen Stuhl). — Einen guten Beitrag zu richtiger Beurteilung der damaligen Theorie des Tyrannenmordes in römisch-katholischen Kreisen gibt ein in der English Historical Review Vol. 7. Januar 1892. p. 81 abgedrucktes, wahrscheinlich in das Jahr 1579 gehöriges Aktenstück aus dem vatikanischen Archiv. Es wird dort in Fragen und Antworten erörtert, ob die englischen Katholiken verpflichtet seien, zur Ausführung der Exkommunikationsbulle Pius' V. gegen Königin Elisabeth mitzuwirken:

Q. 10ma. An privatus, stante bulla in vigore, non possit eam occidere ratione quod sit tyranna nec habeat iustum regni titulum. Et an Pontifex non possit dispensare ut hoc fiat, si probabile fuerit eius morte religionem catholicam restituendam?

Ad 10^{uam}. Non licet privato quemcunque tyrannum occidere, ut definitum est in Concil. Const. Sess. 15, nisi talis esset qui in regnum invasisset, exemplo Aoth. Jud. 3. — Quod vero ad hanc attinet, si quis eius interitu regnum posset certe ab oppressione liberare, procul dubio illi liceret eam interimere. Sed rebus ut nunc constitutis multo satius ne loqui quidem ea de re etc.

45) Vgl. Mignet, Marie Stuart. II, 380 ss.

46) Die besten und vollständigsten Angaben über die religiösen und politischen Doktrinen der Ligue scheint noch heute das in Anm. 38 genannte Jugendwerk des allzu früh verstorbenen Charles Labitte vom Jahre 1841 zu enthalten. Chap. II § 1 citiert L., nach dem Journal von Lestoile, folgende, wenige Tage vor der Ermordung König Heinrichs III. gesprochenen Worte des Pfarrers Guincestre, eines Jesuiten aus der Gascogne: moi qui consacre chaque jour, en la messe, le précieux corps de N.-S., je ne me ferais aucun scrupule de tuer le tyran, à moins qu'il ne fût à l'autel et ne tint une hostie en main. Von Guincestre stammt auch das Anagramm vilain Herodes = Henri de Valois.

47) Der Jesuit J. M. Prat, La Comp. de Jésus en France du temps du Père Coton 1574—1626. Tome III. Lyon 1876 p. 105 berichtet zum Jahre 1609: Déjà, en 1608, ils (les politiques) avaient essayé de faire quelque démarche d'éclat contre un catalogue où les Pères Dominicains de Rome avaient mis au nombre de leurs martyrs Frère Clément, assassin de Henri III. le P. Bourgoing (Beichtvater Cléments, welcher im Jahre 1589, von der königlichen Partei ergriffen, gestanden hatte, daß er Clément mit Judith, Heinrich III. mit Holofernes verglichen habe) et un autre religieux de leur ordre, exécutés, pendant la Ligue, par ordre du Parlement de Tours. Selbst Papst Sixtus V. soll in der ersten Freude über König Heinrichs Tod den Mörder mit Judith und Eleazar verglichen haben. De l'Epinois, La Ligue et les Papes. Paris 1886. p. 347 bestreitet aber diese Behauptung und gibt nur zu, daß der Papst den Tod des Königs für ein Gottesurteil erklärte und Exequien für ihn abzuhalten untersagte. Auch Hübner, Sixte-Quint. Paris 1870. II, 247 erwähnt jenen anstößigen Vergleich nicht. Vgl. Döllinger-Reusch, Die Selbstbiographie des Cardinals Bellarmin. Bonn 1887. S. 211 f.

48) De iusta Henrici tertii abdicatione e Francorum regno. libri quatuor. Paris. 1589 (und Lyon 1591), in der 1. Auflage ohne den Namen des Autors Joannes Boucher, ein Buch, von welchem Thuanus sagt: (liber) quo non aliud flagitiosius toto illo effrenatae licentiae tempore publicatum est. Vgl. Labitte p. 91, welcher beifügt: l'ouvrage devint, pour ainsi dire, le manuel des ligueurs théoristes.

Ueber Bouchers spätere, kaum minder fanatische Schriften: Sermons de la simulée conversion et nullité de la pretendue absolution de Henry de Bourbon. Paris 1594, und die unter dem Pseudonym François de Vérone 1595 erschienene Apologie pour Jehan Chastel vgl. Labitte a. O. Chap. IV § 1 und Chap. V § 2. — Ueber das zuerst anonym zu Paris 1590. 8°, dann zu Antwerpen 1592 erschienene Buch De iusta Reipublicae christianae in Reges impios et haereticos authoritate . . . . G. Guilelmo Rossaeo authore, liber, 883 enggedruckte Seiten 8° umfassend, s. Labitte, Appendice p. 295/304. Ich sehe aber keinen Grund, mit Labitte zu bezweifeln, daß wirklich der von den Zeitgenossen genannte englische Konvertit und Flüchtling Wilhelm Rainolds (Reginaldus dictus Rossaeus), gestorben zu Antwerpen 24. Aug. 1594, der Verfasser ist; vgl. Wood, Athenae Oxon. I, 613. Wenn in neueren Geschichtswerken Rainolds' Freund und Landsmann Wilhelm Gifford als solcher genannt wird, so stammt dieser Irrtum vermutlich daher, daß Gifford im Jahre 1597 ein nachgelassenes Werk von Rainolds (Calvino-Turcismus, id est Calvinisticae perfidiae cum Mahumetana collatio . . .) herausgegeben hatte.

49) S. die in Anm. 38 angeführte Bemerkung des Hugo Grotius.

50) Einige wörtliche Citate mögen beweisen, daß das von Labitte angeführte Urteil des gelehrten Bibliothekars David Clément (Bibliothèque curieuse) über das Buch des Rossaeus: ce livre affreux dont on ne sauroit lire une page sans horreur — nicht zu scharf ist. Mit Bezug auf den ermordeten König Heinrich III. schreibt Rossaeus in Cap. III. (Quis sit tyrannus) § 8: Rex iuramentum suum de fide cath. servanda frangens una suum de regnando ius infringit. § 9. Tyrannus ergo iustissime habendus erat Henricus iste, si secundam illam tyranni descriptionem attendimus. § 10. Vix aut potius nunquam fieri (potest), ut rex aliquis catholice christianus, e christiano tali evadat haereticus, quin eo ipso momento eademque opera e rege evadat tyrannus. § 11. Neque iam amplius rex appellandus erat, sed tyrannus, et tyrannus talis, tam infamis, tam perfidus, tam abominandus, talis propter sacrilegam hypocrisim Iulianus Apostata, propter sanguinariam crudelitatem Caius Caligula, propter spurcissimas libidines Varius Heliogabalus, propter sacrilegum Dei contemptum Dionysius Siculus, propter omnis generis vitiorum et impietatum sordes in putridum illud et exesum corpus tanquam in cloacam quandam congestas Constantinus Copronymus, ut a mundo condito nullae nationes, nullae civitates aut respublicae similem tyrannum pertulerint. Im Schlusskapitel XI § 2: Nihil plane miror si iustitia divina sanguine istius tyranni iampridem hic coeperit expiare, qui longe alio modo, longe alio mortis secundae genere (Apoc. 21, 8), infinitum illud peccatum alibi plenius est expiaturus. § 4. Eius mors (scil. Henrici Guisii), divina providentia ita disponente, vera et primaria fuit causa, cur illae Gallicanae et reipublicae et ecclesiae et omnis honestatis omniumque bonorum cancer et pestes Henricus Valesius . . . . per illud singulare Dei organum e mundo tolleretur. — Die Censur der Antwerpener Geistlichkeit für die 2. Auflage lautet: Hunc librum de religione catholica praeclare tractantem dignum iudico qui hoc tempore ab omnibus orthodoxae fidei zelatoribus legatur ac proinde in usum reip. christianae recudatur.

— Das von Rossaeus viel citierte Büchlein eines bretonischen Adlichen: Alain de Laval, L'historial des Rois non catholiques, sur une royaume christianizé. et de la resistance continuelle des Catholiques contre leur regne. Lyon 1592. 8°, ist in seinen theokratisch-hierarchischen Forderungen kaum minder maßlos als das Buch des englischen Geistlichen. Der Absetzung und Tötung eines häretisch gewordenen Königs redet auch Alain de Laval ungescheut das Wort. So z. B. p. 72: rien ne peut empescher qu'on ne tue celui qu'on tient pour tyran, conformement à ceste doctrine des Apostres, tesmoin Saint Clemens (in den apokryphen apostol. Constitutionen), qu'un Roy impie et sans religion (comme est chacun qui n'est catholique) n'est plus Roy, ains tyran.

51) Perrens (siehe Anm. 23) Vol. I p. 244 schließt das 4. Kapitel des 1. Buches, worin er König Heinrichs Beziehungen zu den Jesuiten und die verschiedenen Mordanschläge gegen den König bespricht, mit den Worten: Ce qu'il faisait d'abord par calcul, Henri IV ne tarda pas à le faire par prédilection. Comment n'eut-il pas aimé une Compagnie qui lui rendait la religion aimable, qui tolérait ses moeurs dissolues, qui fermait les yeux sur ses plus inexcusables écarts? Il mit entre les mains des Jésuites sa conscience et il n'eut pas à s'en repentir: durant les six années de son règne, il n'eut plus à se défendre contre le poignard des assassins. S'il y devait succomber, on a peu dire que Ravaillac avait reçu les exhortations de la Société de Jésus, mais on ne l'a jamais établi.

52) Vgl. Fr. Heinr. Reusch, Beiträge zur Gesch. des Jesuitenordens. München 1894. I. Die Lehre vom Tyrannenmorde und Nachtrag S. 254 ff. Die Aushängebogen dieser gediegenen Abhandlung konnte ich durch die Güte des Verlegers noch vor meiner Rede benutzen. Bei R. auch sorgfältiger Nachweis der weiteren Literatur über die Streitfrage.

53) Vgl. Labitte a. O. Chap. V § 3. Perrens a. O. p. 187 ss. sagt u. a.: L'université y avait le double intérêt de nuire à des concurrents redoutables et de racheter par son zèle ses précédents excès. Ueber die Bemühungen der Sorbonne sich von den Flecken der Zeit der Ligue rein zu waschen, s. auch Car. Jourdain, Index chronol. chartarum pertin. ad hist. Universitatis Paris. Paris 1862. 2º No. 2154 (Protest der theolog. Fakultät und der Pfarrer von Paris, vom 16. Januar 1595, daß die Ermordung König Heinrichs III. und die Anschläge gegen Heinrich IV. nie von ihnen gebilligt worden seien); vgl. dagegen No. 2123. 2130. 2139. Noch im Jahre 1717 erschien eine officielle Schrift: Censures et Conclusions de la faculté de théologie de Paris, touchant la souveraineté des Rois, la fidélité que leur doivent leurs sujets, la sûreté de leurs personnes, et la tranquillité de l'État. 4º, worin die theologische Fakultät durch einen Auszug aus Aktenstücken vom Jahre 1408 bis zum Jahre 1717 gegen angebliche öffentliche Verleumdungen nachzuweisen sucht, daß sie jederzeit die Treue gegen die geheiligte Person ihrer Könige bewahrt habe. Die gegen die Könige Heinrich III. und IV. erlassenen Dekrete der Fakultät werden als falsch und untergeschoben erklärt, — was sie freilich nicht gewesen waren.

54) S. die früher cit. Werke von Perrens, Prat, Döllinger-Reusch (Card. Bellarmin) und Reusch (Beitr. z. Gesch. d. Jesuitenordens).

55) Extraits des assertions dangereuses et pernicieuses en tout genre que les soi-disans Jesuites ont .... soutenues enseignées et publiées. Paris 1762, 4º. 5me Éd. Amsterdam 1763. 8º. Tome III p. 256/511 die Sätze über Majestätsverbrechen und Königsmord. Vgl. Reusch, Der Index der verbotenen Bücher. Bd. II, Bonn 1885, S. 920 ff. Im Vorwort der Gegenschrift der Jesuiten: Reponse au livre intitulé: Extraits etc. 3. Voll. 1763/65, 4º heisst es: Nulle raison de re-

mettre sous les yeux de toute la France les maximes ultramontaines des Jésuites étrangers dont ceux de ce Royaume . . . . ne devoient pas être responsables. Daß die meisten auswärtigen, nicht französischen Jesuiten für die Tötung des tyrannus in titulo sich ausgesprochen haben, wird zugegeben, aber behauptet, das sei auch die Lehre des hl. Thomas von Aquin und vieler anderer katholischer Theologen; — nur Mariana gehe weiter als andere Jesuiten.

56) Nach der leidigen Gewohnheit der Jesuiten, sowohl Verteidigungen ihres Ordens wie Beschuldigungen der Gegner leichtfertig zu wiederholen, wenn sie auch hundertmal widerlegt sind, bringt P. Bernh. Duhr (Jesuitenfabeln, 1891, S. 385 f.) die schon von Casaubon verspottete Behauptung wieder vor, die 1605 in Mainz erschienene Ausgabe von Marianas Buch sei „keine neue unveränderte Auflage, sondern ein verkürzter und verstümmelter Nachdruck", weiter, sie, wie der Frankfurter Nachdruck von 1611, stellten sich dar „als eine Speculation der calvinischen Firma Wechel, die mit den Jesuiten nichts zu thun hat". Aehnlich aber noch stärker auch P. Prat a. O. III, 247. Ich habe mir deshalb die kleine Mühe genommen, die berüchtigten Kapitel 6 und 7 des 1. Buches: An tyrannum supprimere fas sit und An liceat tyrannum veneno occidere in den beiden Auflagen von 1599 und 1605 mit einander genau zu vergleichen. Hier das Ergebnis:

1. Aufl. p. 66. iureque successionis spoliato: nunc mente mutata Galliae Regi.
2. A. p. 52. . . . spoliato: nunc quod laudandum in primis, mente mutata, Christianissimo Galliae Regi.

1. A. p. 69. Sic Clemens periit aeternum Galliae decus, ut plerisque visum est, viginti quatuor natus annos.
2. A. p. 54. Sic Clemens ille periit, viginti quatuor annos natus.

1. A. p. 70. sive imperio vindicando, sive tuenda salute.
2. A. p. 55. sive ut imperium vindicaret, sive ut tueretur salutem.

1. A. p. 79. omnia remedia sanando Principe tentanda.
2. A. p. 62. omnia remedia ad sanandum Principem.

Zu A. 1. p. 85 zwischen Zeile 17 und 18 schaltet A. 2. p. 67 einen ganzen Satz ein: Apud scriptores Romanos reperio Tiberio imperante lectas in senatu litteras Adgandestrii Principis Chattorum, quibus mortem Arminii hostis promittebat, si patrandae neci venenum mitteretur: responsumque, non fraude neque occultis artibus, sed palam et armatum populum Romanum hostes suos ulcisci. In quo gloriam prisci temporis acquarunt, cum venenum in Pyrrhum Regem vetuerunt prodideruntque. Tacitus auctor. Ergo me auctore . . .

Schlußfolgerung: Es ist unwahr, um nicht zu sagen gelogen, daß die Mainzer Auflage von 1605 ein von unbefugter, feindlicher Hand veranstalteter, verkürzter und verstümmelter Nachdruck derjenigen von 1599 ist. In den oben mitgeteilten Stellen 1 und 2 bedeuten die vorgenommenen Aenderungen eine Milderung des Sinnes auf Grund der veränderten Zeitlage; die Aenderungen 3 und 4 sind sprachliche Verbesserungen; 5 enthält einen Zusatz, den aller Wahrscheinlichkeit nach der Autor selbst gemacht hat, ebenso wie die Aenderungen und Verbesserungen 1 bis 4, höchstens etwa ein in seinem Sinne handelnder Freund, gewiß nicht ein Gegner, der den Autor und sein Buch in Mißkredit bringen wollte. — Daß Mariana sein

Buch De rege et regis institutione größtenteils schon im Herbst 1590 vollendet hatte, erzählt er selbst Lib. III, cap. XI. — Meine Behauptung, daß Mariana vom Geiste des Jesuitenordens nichts an sich habe, ließe sich nicht nur aus der nach seinem Tode von unbefugter Hand herausgegebenen Denkschrift über die Schäden in der Gesellschaft (vgl. Reusch, Index 2. 281 f. u. Beiträge S. 16 ff.) leicht darthun, sondern auch aus der Schrift De Rege et regis institutione.

Daß sowohl Ad. Franck, Reformateurs et publicistes de l'Europe. 16 me siècle. Paris 1881, wie Rich. Krebs, Die politische Publizistik der Jesuiten und ihrer Gegner. Halle 1890, S. 113 ff. behaupten, die eigentliche Tendenz des Mariana'schen Buches sei, die weltliche Gewalt der geistlichen (päpstlichen) unterzuordnen, zeigt, wie wenig aufmerksam oder unbefangen beide dasselbe gelesen haben. Und doch hat Franck ganz richtig bemerkt, dass der Name des Papstes in dem ganzen Buch kaum einmal vorkomme! — Einen ziemlich genauen Auszug gibt dagegen Joh. Huber, Der Jesuiten-Orden. Berlin 1873, S. 246/59.

57) Vgl. die o. Anm. 56 erwähnte, übrigens sehr mangelhafte Schrift von Rich. Krebs. Dazu Stieve, Die Politik Baierns, II. Bd., München 1883, S. 334 ff., 605 ff., 916 ff., Janssen, Gesch. des d. Volkes. Bd. V. 1886, S. 548 ff., Reusch, Beiträge a. O.

58) Vgl. die von John Morris S. J., The condition of Catholics under James I., herausgegebene Autobiographie des P. Gerard mit dessen Narrative of the gunpowder plot. 2. Ed., London 1872. Weitere Literatur ist bei Döllinger-Reusch. Card. Bellarmin S. 200 ff. verzeichnet, wo auch die Frage der Mitschuld der Jesuiten an der Pulververschwörung erörtert wird. Ebenda S. 193 ff. über den von Kg. Jakob I. den englischen Katholiken auferlegten Treueid (oath of allegiance). Vgl. auch Reusch, Index II, 327 ff. und Emil Friedberg, Die Grenzen zwischen Staat und Kirche. Tübingen 1872, S. 748 ff., wo auch der von Kg. Georg III. im J. 1773 neu formulierte Treueid mitgeteilt ist. Die vollständige Emanzipation der römischen Katholiken Englands ist erst im Jahre 1829 erfolgt.

59) Barclay (s. o. Anm. 35) bemerkt p. 268 gegen die Vindiciae c. tyrannos: De tyrannis eiusmodi (qui in libera civitate, liberoque populo dominatum in caeteros vi et armis occupant, aut principatum alteri delatum vel debitum invadunt) nulla est inter mortales controversia: quippe quos, ut hostes publicos, non solum ab universo populo, sed a singulis etiam impeti caedique iure optimo posse tota antiquitas censuit, et iugi asseveratione consentiens subsequentium seculorum probavit autoritas. Aehnlich p. 483 gegen Johann Boucher. — Ueber Joh. Bodin s. o. Anm. 37. Vgl. Aug. Thierry a. O. p. 211 und Perrens a. O. Tome II, chap. 2 p. 238/317 und Conclusion p. 445 ss. Vgl. auch o. Anm. 23.

60) J. B. Bossuet, Politique tirée des propres paroles de l'Écriture sainte. Oeuvre posth. 3me Éd. Paris 1714 s. o. Anm. 2. In Form einer Verteidigung seiner Hist. des Variations de l'Église protestantes gegen zwei reformierte Prediger hat Bossuet, gegenüber den protestantischen Verfechtern der Volkssouveränität, die Unverletzlichkeit des Königtums aus der Kirchen- und Profangeschichte eingehend zu begründen gesucht, in Ve Avertissement aux protestans sur les lettres du ministre Jurieu und in Défense de l'Hist. des Variations, contre la réponse de M. Basnage. Oeuvres de Bossuet. Versailles 1816. Tome 21.

61) John Milton, The tenure of kings and magistrates: proving that it is lawfull and hath been held so through all ages, for any who have the power, to call to account a tyrant or wicked king, and after due conviction, to depose and put him to death, if the ordinary magistrate have neglected, or deny'd to doe it — geschrieben 1649 — in Collection of the historical political and miscellaneous works of J. M. 3. Voll. Amsterdam 1698. Tom. II. p. 529/544. Weniger geistvoll ist die lateinische Streitschrift gegen Salmasius: Joa. Miltonii Angli pro populo Anglicano contra Claudii Anonymi, alias Salmasii Defensionem regiam. Londini 1651, — beide Schriften, ferner Miltons Eikonoklastes und seine Secunda Defensio populi Auglicani, in deutscher Uebersetzung von Dr. Wilh. Bernhardi, John Milton's polit. Hauptschriften. 2 Bde., Berlin und Leipzig 1874 und 1876. Vgl. A. Geffroy, Etude sur les Pamphlets politiques et religieux de Milton. Paris 1848. Chap. 5 und Appendice 4. — Für die weitere Entwicklung der politischen Literatur in England bis zum 18. Jahrhundert verweise ich auf Hallam, Introduction to the literature of Europe. Vol. III und IV und Rob. Blakey, The history of political literature. Vol. II. London 1855.

62) Hugonis Grotii de jure belli ac pacis libri tres, cum commentariis Gulielmi vander Muelen, ... accedunt Joann. Frid. Gronovii notae. Ultraj. 1696, 2°. Tom. I. lib. I cap. 4 De bello subditorum in superiores. Gronov bemerkt z. B. zu cap. 4 § 7, 8: Auctor quaestionem an liceat christianis pro religione adversus superiores in ultimo discrimine bellare, ita tractat, ut negantem partem probare, atque ita tot heroum, quorum armis a Deo prosperatis libertatem conscientiae in Belgis, Germania, Gallia debemus, causam damnare videatur. Cui sententiae subscribere non possumus etc., und Van der Muelen: Imo etiam vi et armis resistere posse principi civem, quem ad amplectendam religionem, conscientiae suae dictamini contrariam, cogere vult, rationem et omnia iura permittere mihi persuadeo.

63) Vgl. Otto Gierke, Johannes Althusius und die Entwicklung der naturrechtl. Staatstheorien. (Untersuchungen z. deutschen Staats- und Rechtsgeschichte VII). Breslau 1880. Th. 1. Kap. 2, Th. 2, Kap. 1, 3 und 4. — Eine Reihe von schulmäßigen Abhandlungen über das Recht des Widerstandes gegen tyrannische Fürsten aus den Jahren 1621—23 in den von Dominicus Arumaeus, Professor in Jena, herausgegebenen Discursus Academici de iure publico. 4°, darunter auch (Vol. IV) eine theologische von Dr. Johann Gerbardt, Ob alle und jede Unterthanen .... in Religioussachen ... zu keinen Defensions-Mitteln schreiten können?

64) Ich nenne, als typisch für diese hohlen, tyrannenfeindlichen Deklamationen der Encyklopädisten und wegen ihres Verfassers, hier nur die Jugendschrift des Dichters Vittorio Alfieri, Della Tirannide libri due. 1777 geschrieben, 1787 zuerst zu Kehl gedruckt (nach Reusch. Index II, 1018), von der mir eine Ausgabe von 1806 und eine deutsche Uebersetzung von dem Freiherrn von Fennberg, Mannheim 1845 (!), vorlagen.

Ueber Charlotte Corday s. Lamartine, Hist. des Girondins. Chap. 44, wo der antik-heidnische Charakter ihrer Blutthat scharf hervorgehoben ist. Interessant ist aber auch die Art, wie Lamartine selbst zugleich Segen und Fluch über den Mord ausspricht: Il y a des choses que l'homme ne doit pas juger, et qui montent, sans intermédiaire et sans appel, au tribunal direct de Dieu. Il y a des actes humains tellement mêlés de faiblesse et de force, d'intention pure et de moyens coupables, d'erreur et de vérité, de meurtre et de martyre, qu'on ne peut les qualifier d'un seul mot, et qu'on ne sait s'il faut les appeler crime ou vertu. Le dévouement coupable de Charlotte Corday est du nombre de ces actes que l'admiration et l'horreur laisseraient éternellement dans le doute, si la morale ne la réprouvait pas. Quant à nous, si nous avions à trouver, pour cette sublime libératrice de son pays et pour cette généreuse meurtrière de la tyrannie, un nom qui renfermât à la fois l'enthousiasme de notre émotion pour elle et la sévérité de notre jugement sur son acte, nous créerions un mot qui réunit les deux extrêmes de l'admiration et de l'horreur dans la langue des hommes, et nous l'appellerions l'ange de l'assassinat.

Aehnliche falsche Sentimentalität hat im April 1878 das Petersburger Schwurgericht verleitet, unter dem Beifall der Zuhörer die bei ihrem Mordversuch auf der That ergriffene und geständige Nihilistin Wera Sassulitsch für unschuldig zu erklären. Damit kamen in Rußland die Nihilistenattentate in Mode, und in folgerechter Entwicklung seitdem bei den romanischen Völkern der Massenmord.